发展汉语

——高级汉语

（民族版）上

岑玉珍 编著

北京语言大学出版社
BEIJING LANGUAGE AND CULTURE UNIVERSITY PRESS

图书在版编目(CIP)数据

高级汉语：民族版：上册/岑玉珍编著．—北京：
北京语言大学出版社，2007.8(2018.1重印)
（发展汉语）
ISBN 978-7-5619-1915-6

Ⅰ．高… Ⅱ．岑… Ⅲ．汉语-少数民族教育-教材
Ⅳ．H19

中国版本图书馆 CIP 数据核字（2007）第 118556 号

书　　名：高级汉语：民族版．上册
责任编辑：金季涛
封面设计：冯志才
责任印制：姜正周

出版发行：北京语言大学出版社
社　　址：北京市海淀区学院路 15 号　邮政编码：100083
网　　址：www.blcup.com
电　　话：发行部　82303650 /3591 /3651
编辑部　82303390
读者服务部　82303653 /3908
网上订购电话　82303668
客户服务信箱　service@blcup.net
印　　刷：北京京华虎彩印刷有限公司
经　　销：全国新华书店

版　　次：2007 年 8 月第 1 版　2018 年 1 月第 9 次印刷
开　　本：787 毫米×1092 毫米　1 / 16　印张：11.75
字　　数：240 千字
书　　号：ISBN 978-7-5619-1915-6 / H·07136
定　　价：28.00 元

凡有印装质量问题，本社负责调换。电话：82303590

编写说明

一、教材适用范围

《发展汉语·高级汉语》(民族版)(上、下)是由对外汉语进修教材《发展汉语·高级汉语》(上、下)改编而来的民族版教材。适用于已经掌握现代汉语基本语法知识,并且基本掌握《汉语水平词汇与汉字等级大纲》规定的甲、乙、部分丙级汉字和词汇,词汇量在3500以上的少数民族汉语学习者。

二、编写原则

1. 注重科学性和系统性。以《汉语水平等级标准与语法等级大纲》和《汉语水平词汇与汉字等级大纲》中的丁级语法点和丁级词汇为教学内容的重要参照指标,选编课文,设计语言教学重点,吸收一定数量的超纲词,并适当重现、深化部分甲乙丙级词汇和语法点的训练。

2. 注意与中级教材的衔接,从教材选文的题材内容、文字长度、语法点和词汇的分布、编写体例等方面互相照应,同时注意与同级水平的听力、口语、阅读等教材互相照应。

3. 本教材遵循第二语言教学的"重现"原则,对于重点讲练的词汇、语法项目、常用句式、话题内容等,根据学习者的学习规律和交际训练的需要,适当重现,循环渐进,不断深化。

4. 重视实践性、交际性原则,注意语料的规范、话题的丰富,使教材具有较强的趣味性,以调动学生学习的积极性。

三、教材体例

本教材共分上、下两册,每册14课,共28课。每课由课文,生词,词语、句式例释,练习,阅读课文五个部分组成。教材后附有词汇总表。

1. 课文。语料规范真实,选文内容重视体现现代生活特点和实用性,课文题材丰富有趣,多选自当代普通作者的作品,也有名家名作。课文字数多在2000至3000之间。

2. 生词。生词以丁级词语与超纲词为主,重现少量丙级词(个别乙级词)，每课数量在70~90个左右，专名单列。表中所列词语后标注词性、汉语拼音、汉语解释。

3. 词语、句式例释。每课从丁级语法点(部分丙级语法点)中选择5~9个左右进行讲解。先展示课文中的例句，然后介绍语法点的词性、基本格式、语法意义、使用规则、限制条件、与相关项目进行对比等。例句注意利用学生容易理解的语料，力求具有实用性，使学生容易模仿。

4. 练习。所有练习的设计是为了使学生通过操练提高语言能力和交际能力。所采用的练习题型有理解性、记忆性的机械训练，也有具有实效的交际性训练，题型丰富多样，包括认读词语、按照汉字的拼音组词、辨认形近字词、用所给词语完成句子、用所给词语完成对话、用所给词语回答问题、改写句子、选词填空、画线连词、虚词填空、整理句子、改写句子、根据课文判断句子对错、概括内容、复述成段表达等各方面的练习。

5. 课后配有写作题目、讨论、辩论题目的建议。

四、教学建议

1. 上、下册精读教材各可供长期进修生一个学期(20周，每周精读课为6学时)使用。一般情况下一周完成一课，稍长的课文可适当延长两个课时。

2. 练习部分题型、题量都比较多，部分练习是针对课文的知识重点，部分是有意识地重练中级的重点词汇和语言点。教师可根据学生的实际水平及兴趣，选择合适的部分作为课堂练习或课后作业。

五、鸣谢

本教材在编写过程中得到陈满华、陈晨、赵万勋、蔡永强等老师的积极支持和帮助，他们在教材还不成熟的情况下，克服困难进行试用，试用后提出了详尽而中肯的修改意见。作者在此对这几位同行表示诚挚的感谢！

CONTENTS 目录

第一课

享受旅行

心态

当你背起背包[1]，准备出发时，心里一定充满了喜悦[2]与期待：旅行开始了！旅行是一种多么浪漫[3]的生活啊，许多人都把旅行看成生活中最令人兴奋的事。旅途中，每天都有崭新[4]的世界在等着你，你会遇到许许多多的新鲜事：参观富有民族特色的建筑；欣赏异国情调[5]的音乐舞蹈；观赏不断变幻[6]的风景；会见形形色色[7]的新朋友……这是一种令人向往[8]的生活方式。

总的来说，旅游给人带来的欢乐不亚于过年过节。但事物总是有两面性，在欣喜[9]的同时，你还要面对语言的障碍[10]、不合口味的食物、讨价还价、不知道什么时候冒出来[11]的小偷、旅途的疲劳、由于情况的变化而不得不作出的改变，等等。旅行是一件既愉快又麻烦的事情，你需要很强的适应能力、很理智[12]的头脑和一颗平常心。面对困难，培养一些幽默[13]感可以帮你渡过很多难关[14]。比方说，你正筋疲力尽[15]地走在路上，忽然开始下雨，道路变得泥泞[16]不堪[17]，你怎么办？抱怨[18]是没有用的，那么，感谢上帝给你一个锻炼意志[19]并且免费淋浴[20]的机会吧，况且和发生交通事故之类的问题比起来，这只是小小的麻烦。

总之，既然你选定了旅行的目的地，就要学会接受那些你不太习惯的事物。你离开家，不就是想寻找一个不同的世界吗？为什么不把这种不同当成享受呢？

时间观念

世界各地的时间观念[21]可是差得很远，形象的比喻[22]是：有的像兔子跑，有的则像蜗牛[23]爬。而你有的时候要跟得上兔子，有的时候却要耐心地和蜗牛一起爬。你不得不调整[24]好你的脚步，即使有的时候你觉得简直是在浪费时间。不过我倒认为，过于紧张的旅行恐怕对神经也没什么好处，索性放松一点儿吧。

世界上有很多人并不是很介意[25]准时与否，这是有一定[26]原因的。先说说你为什么喜欢准时：你一直以来都赞同“笨鸟先飞”[27]的道理，认为“早起的鸟儿有虫吃”，生活是可以通过个人的努力改变的。而对于一些国家的人来说，他们的生活方式好像在出生的时候就已经注定[28]了，准时似乎并不会改变他们的生活。其实这种没有过多压力、顺其自然[29]的生活方式，也有好的一面。试着放松下来，享受这短暂的懒散[30]时光[31]，是你此时最好的选择。

坚持就是胜利

我在一个小城看到一个十分优雅[32]的古老剧院，兴冲冲[33]地奔过去，却吃了闭门羹[34]——大门紧闭。满怀希望的我好像被泼了一盆凉水，一点儿劲儿都没了，恰巧[35]那天的天气也不太好，我的心情便开始沮丧[36]起来。在决定放弃参观之前，我还是坚持了一下，绕着剧院走了一圈，看看其他地方是否有别的入口。功夫不负有心人①，奇迹果然出现了。在一个不起眼儿[37]的角落，我看到一个小门，门口坐着一个上了年纪的、扎着小辫的土著[38]男人，恰巧他也很愿意和客人一起四处转转。他一边领着我参观，一边讲起了这个曾经是那么辉煌[39]的剧院的旧事，还有很多古老的传说。我们聊了很久，直到夕阳[40]西下，我才恋恋不舍[41]地和他挥手告别。至今，我耳边还时常会回响起那位老人有些忧伤[42]的声音。

当你觉得灰心的时候，再试一次吧！否则，或许[43]就是一念之差[44]的事儿，你就会与机会擦肩而过[45]。

学会理解

旅行会帮助我们找到一些问题的答案，比如为什么人们会这样做或那样做。记得那次在一个小镇上，我看到很多工人在用锤子[46]将大石头砸成小石子，然后卖给建筑工地。我当时不明白，为什么这个并不是很贫困[47]的地方会采用这样原始的劳动方法，因为按照现代的科技水平，机器完全可以代替这种劳动。后来随着了解的深入，我终于明白了，在这个人口众多[48]的国家，机械化的过快发展也使一部分人失去了工作的机会，因此，这里的人宁愿[49]采用人力劳动方式，也不使用机器，这也是不得已的办法。

我还学会了不因为几次不愉快的经历而否定所有的人。例如，不要因为遇上了几个小偷就怀疑、提防[50]这个地方所有的人。不管在什么地方，我们都不能戴上有色眼镜[51]，否则就看不清周围人真正的样子了。

乐观向上

我曾经认识一位女士，她绝对是一个最佳旅伴。记得当时我们共同乘坐一辆狭小[52]而闷热[53]的汽车，外面烈日[54]如火，我感到很不舒服，而她却安静地望着窗外，有时还有一丝微笑挂在她的嘴边。下了车，我问她为什么微笑，她告诉我说，她那时正在欣赏马路两边的树，它们在微风中摆动，好像是快乐的舞蹈家，这让她忘记了所有的烦恼。

我很欣赏她的乐观。是的，我们经常会遇到这样那样的麻烦：车晚点[55]；航班取消；过境处[56]偏偏在你赶到的时候下班了；好不容易在大热天找到一家带空调的旅店，那个晚上却偏偏停电；外面是阳光、沙滩[57]、海浪、游客的欢笑声，而你却因病只能待在屋子里。这种事情总是来扰乱[58]你的心情，你该怎么办？心烦意乱[59]、坐卧不安[60]？或者抱怨自己的运气？可这样做又有什么用呢？

要学会用乐观平和[61]的态度面对生活，多留意[62]你周围隐藏的快乐源泉[63]。因为只有感到幸福的人才是幸福的，不是吗？

善待自己

记得在一个小岛上，我遇到一对来自澳大利亚的情侣[64]，他们在岛的中部租了一间小屋子。住在那里，要花很长的时间才能走到海边，而且屋子的内部条件也令人皱眉：只有一扇天窗[65]，硬邦邦[66]的床，简陋[67]的室外洗手间，蚊子到处自由飞舞，出门还要防备[68]乱叫的狗。他们并不是想体验[69]原始生活，只是因为那里的租金便宜——5 美元一个晚上。相比之下[70]，我的房间靠近大海，宽敞[71]明亮，有室内卫生间和淋浴设备，风扇响声虽然有点儿大但能正常工作，还有一个小阳台[72]可以观赏窗外的大海。得到这些条件只需要每晚多付 4 美元。当然，如果旅行经费[73]不足，这是无可奈何的，可是，只要经济条件允许，我们就要尽量满足自己旅行中合理的需要，宁愿为保护脚而磨破鞋，也不为节约鞋而光着脚。

注 释

① **功夫不负有心人**

这是一句俗语，意思是，只要有恒心，并真正付出了努力，就能练出真本领，达到目标。

生词

1.	背包	（名）	bēibāo	背(bēi)在背上的衣被包裹或袋子。	丙
2.	喜悦	（形）	xǐyuè	愉快、高兴。	丙
3.	浪漫	（形）	làngmàn	富有诗意，充满幻想。	丁
4.	崭新	（形）	zhǎnxīn	非常新。	丙
5.	情调	（名）	qíngdiào	指事物具有的能引起人的各种不同感情、感觉的性质。	
6.	变幻	（动）	biànhuàn	不规则地变化。	
7.	形形色色	（形）	xíngxíngsèsè	各种各样。	
8.	向往	（动）	xiàngwǎng	因喜欢而渴望去某地，或期望得到某种事物（多为抽象的）。	丁
9.	欣喜	（形）	xīnxǐ	高兴、愉快。	
10.	障碍	（名）	zhàng'ài	阻挡前进、使事情不能顺利进行的事物。	丙
11.	冒（出来）	（动）	mào	本文指突然出现。	乙
12.	理智	（形）	lǐzhì	具有根据是非或利害关系控制自己的行为的能力。	
13.	幽默	（形）	yōumò	有趣而使人发笑。	丁
14.	难关	（名）	nánguān	很难通过的关口，比喻较大的困难。	丁
15.	筋疲力尽		jīn pí lì jìn	非常疲劳。	
16.	泥泞	（形）	nínìng	地上的泥土被水泡湿而不好走。	
17.	不堪	（形）	bùkān	本文用在有消极意义的双音词后表示程度很深。	丁
18.	抱怨	（动）	bàoyuàn	表示不满，埋怨。	丁
19.	意志	（名）	yìzhì	人为了实现理想或达到目的而为之努力的心理、精神。	乙
20.	淋浴	（动）	línyù	水从上面喷下来，人在下面冲洗身体。	
21.	观念	（名）	guānniàn	人对问题的总体认识。	丙
22.	比喻	（名、动）	bǐyù	用有类似点的事物来比拟想要说明的事物的修辞手法；打比方。	丁
23.	蜗牛	（名）	wōniú	一种软体小动物。	
24.	调整	（动）	tiáozhěng	根据客观情况或要求，作适当的改变。	乙
25.	介意	（动）	jièyì	在意，把某种事情看得很重要。	
26.	一定	（形）	yídìng	本文指某一特殊方面的，特定的。	
27.	笨鸟先飞		bèn niǎo xiān fēi	俗语，意思是：行动不灵活的鸟为了不落后而提前飞行，用来比喻能力差的人比别人多作努力。	

28. 注定	（动）	zhùdìng	命运或客观规律决定。	
29. 顺其自然		shùn qí zìrán	按照事物发展的自然规律。	
30. 懒散	（形）	lǎnsǎn	放松的、随便的精神状态。	
31. 时光	（名）	shíguāng	时间，时期。	丁
32. 优雅	（形）	yōuyǎ	优美，好看。	
33. 兴冲冲	（形）	xìngchōngchōng	很高兴的样子。	
34. 闭门羹	（名）	bìméngēng	参观或探访某地、某人时，门锁着，或被拒绝，叫“吃闭门羹”。	
35. 恰巧	（副）	qiàqiǎo	刚好，凑巧。	丁
36. 沮丧	（形）	jǔsàng	灰心失望。	
37. 起眼儿	（形）	qǐyǎnr	引人注意。	
38. 土著	（名）	tǔzhù	世代居住在本地的人。	
39. 辉煌	（形）	huīhuáng	这里指出色的，不一般的。	丙
40. 夕阳	（名）	xīyáng	傍晚时快要落山的太阳。	
41. 恋恋不舍		liànliàn bù shě	非常留恋，不愿意离开。	
42. 忧伤	（形）	yōushāng	忧愁，伤心。	
43. 或许	（副）	huòxǔ	也许。	丁
44. 一念之差		yí niàn zhī chā	指考虑问题时的一点儿很小的差错。	
45. 擦肩而过		cā jiān ér guò	与某人或某种机会虽然距离很小，但还是错过了。	
46. 锤子	（名）	chuízi	敲打东西的工具，由金属做的头和木柄构成。	丁
47. 贫困	（形）	pínkùn	贫穷，经济困难。	丁
48. 众多	（形）	zhòngduō	数量多。	丁
49. 宁愿	（副）	nìngyuàn	经过比较后选择某种做法；情愿。	丁
50. 提防	（动）	dīfang	因为怕被伤害而提高警惕。	
51. 有色眼镜		yǒusè yǎnjìng	比喻早已形成的不正确的看法。	
52. 狭小	（形）	xiáxiǎo	空间很小，不宽敞。	
53. 闷热	（形）	mēnrè	温度高而且潮湿，使人呼吸不顺畅。	
54. 烈日	（名）	lièrì	光线很强的太阳。	
55. 晚点		wǎn diǎn	比预定的时间晚了。	
56. 过境处	（名）	guòjìngchù	进入一个国家或地区时，办理入境手续的地方。	
57. 沙滩	（名）	shātān	海边、江河旁边的沙地。	丁
58. 扰乱	（动）	rǎoluàn	干扰，使事物、心情变乱，不安定。	丁

59. 心烦意乱		xīn fán yì luàn	情绪、心情不愉快，不安定。	
60. 坐卧不安		zuò wò bù ān	坐着或躺着都感到不安，心烦。	
61. 平和	（形）	pínghé	平静。	
62. 留意		liú yì	注意。	丁
63. 源泉	（名）	yuánquán	水的来源，比喻事物产生的根源。	丁
64. 情侣	（名）	qínglǚ	恋爱中的情人。	
65. 天窗	（名）	tiānchuāng	设在房顶上的窗户。	
66. 硬邦邦	（形）	yìngbāngbāng	很硬的样子。	
67. 简陋	（形）	jiǎnlòu	设备简单，条件不好。	丁
68. 防备	（动）	fángbèi	小心地预防。	
69. 体验	（动）	tǐyàn	感受，认识。	丁
70. 相比之下		xiāng bǐ zhī xià	两种事物进行比较。	
71. 宽敞	（形）	kuānchang	空间大。	丁
72. 阳台	（名）	yángtái	伸出楼房外的、围着栏杆的小平台。	
73. 经费	（名）	jīngfèi	费用，钱。	丙

词语、句式例释

1. 总的来说，旅游给人带来的欢乐不亚于过年过节。

“不亚于”用于比较句，是“不差于”“不比……差”的意思。如：

(1)这个孩子的智力是正常的，他的理解能力不亚于任何同龄的孩子。

(2)他这次考试的成绩不亚于班上最优秀的同学。

(3)母亲的烹调水平不亚于专业厨师。

(4)我们今年的经济收入不亚于去年。

(5)北京队的实力不亚于广东队。

2. a. 你离开家，不就是想寻找一个不同的世界吗？

b. 只有感到幸福的人才是幸福的，不是吗？

上面的两个句子是反问句。反问句的作用是对于一个明显的道理或事实用反问的语气来加以肯定或否定，以达到强调的目的。上面的例句 a 是用“不是……吗”来强调，有“事实就是这样”的含义。而例句 b 则是在句子后加上“不是吗”表示反问。如：

(1)你不是想练习口语吗？我给你介绍一个汉族朋友吧。

(2)这件事她不是已经知道了吗？怎么还要通知她？

(3)那个地方你不是去过了吗？给我们当导游吧！

(4)他就是想气我一下，不是吗？

(5)谁都会有做错事的时候，不是吗？宽容一点儿吧！

3. **我倒认为，过于紧张的旅行恐怕对神经也没什么好处，索性放松一点儿吧。**

"索性"，副词，表示由于上文所说的行为不能达到期望的效果或无法进行，因而直接采取某种行为。"干脆"也有同样的用法，但是"干脆"可以作形容词（"她这人说话很干脆"），"索性"没有形容词的用法。如：

(1)吃了半天药，这感冒也不见好，她索性不吃了。

(2)她再也忍不住了，索性大声地哭出来。

(3)我一看，他根本不听我的，索性就不说了。

(4)父母老管我的事，我索性搬出来住。

(5)我的钱不够，索性就不买了。

4. **世界上有很多人并不是很介意准时与否，这是有一定原因的。**

"一定"除作副词表示坚决或肯定外，还可以作形容词表示"特定的、有相当程度的、确定的"等意思，用在名词前。如：

(1)要完成这个工作，我们有一定困难。

(2)调查工作必须在一定的条件下进行。

(3)经过一年的学习，他已经打下了一定的基础。

(4)要提高自己的学习水平，就要给自己设立一定的标准。

(5)我刚到此地，现在还没一定的住处，以后确定下来会通知你的。

5. **满怀希望的我好像被泼了一盆凉水，一点儿劲儿都没了，恰巧那天的天气也不太好，我的心情便开始沮丧起来。**

副词"恰巧"表示时间、机会、条件等十分凑巧。"恰巧"可以用在句子的谓语前，也可以用在句首（即主语前）。如：

(1)你想找的这本书我恰巧有。

(2)平时我都不在家，今天是恰巧没出门。

(3)就今天没带伞，恰巧遇上大雨，我不得不叫了一辆出租车。

(4)我正要给他打电话，恰巧他就打过来了。

(5)我正想叫辆出租车，恰巧一辆车就开过来了。

6. **这里的人宁愿采用人力劳动方式，也不使用机器。**

句式"宁愿（宁可、宁肯）……，也不……"表示在对两种以上的情况进行比较之后选择某种做法，所选择的做法往往是含有不理想之处的。如：

(1)虽然学校宿舍条件不好，可我宁愿住宿舍，也不搬到外边去住。

(2)我宁愿骑自行车去，也不愿意挤公共汽车。

(3)有些人宁愿独身，也不肯结婚。

(4)暑假她宁可待在学校学习，也不回家。

(5)我宁肯在家吃方便面，也不去吃快餐。

7. **……相比之下，我的房间靠近大海，宽敞明亮，……只需要每晚多付4美元。**

"……相比之下，……"是一种比较句式，这种句式表示两种情况的比较，语意重点在后一句，通过比较说明后一情况的特点。运用这一句型要注意："相比之下"用在前后两种情况之间，"相比之下"之前一定要先说明前一种情况。如：

(1)北京的冬天比较冷。相比之下，上海暖和一些。

(2)哥哥又矮又瘦。相比之下，弟弟显得壮实多了。

(3)这种产品质量不是很好。相比之下，那种产品好多了。

(4)丈夫的工资很高。相比之下，她的工资低多了。

(5)这套房子又大又好。相比之下，自己的那套可差多了。

练　习

一、熟读下面的词组，并选择合适的完成下面的句子(可加别的词语)：

当成享受	多么浪漫	泥泞不堪	时间观念	不起眼儿的角落
写成小说	浪漫的生活	疲惫不堪	爱情观念	不起眼儿的颜色
磨成粉末	最佳伴侣	简陋的设备	经费不足	带空调的旅店
变成大人	最佳选择	简陋的家具	精力不足	带花儿的床单

1. 父亲年纪大了，虽然身体还好，可是______________。
2. 上课时，为了不引起老师的注意，他老是坐在______________。
3. 年轻人都希望得到幸福的爱情，在他们心里，爱情是______________。
4. 考试整整考了一天，回到宿舍，我已经______________。
5. 那位科学家的研究必须用一大笔钱，现在研究已经停止了，主要原因是______________。
6. 那是一个很有意思的故事，一位作家想把它______________。

二、给下面句子中画线的词注音：

1. 他走进来了，背上背着一个蓝色的背包。
2. 对这样的人，我们一定要提防。
3. 这里的人宁愿采用人力劳动方式，也不使用机器。
4. 我们乘坐一辆狭小而闷热的汽车。

三、给下面的动词加上合适的宾语：

调整______	取消______	充满______
认同______	扰乱______	绕______
抱怨______	体验______	适应______
采用______	满足______	培养______
提防______	向往______	

四、用适当的词语完成下面的句子：

1. 学生随便缺课是不行的，每个学校都有一定的______________。
2. 经过三个月的学习，我的汉语水平有一定的______________。

3. 童年时代真是一生中最美好的 ______________________。
4. 整整坐了一天一夜的火车，下车后，我已经疲惫 ______________________。
5. 用蜗牛来说那些做事很慢的人，这真是一个形象的 ______________________。
6. 我一直非常向往那种浪漫的 ______________________。

五、用指定的词语完成对话：

1. 甲：我觉得我做错了，我很想向他道歉，但是又觉得不好意思。
   乙：______________________（既然）
2. 甲：我的汉语说得不太流利，回答问题的时候比较紧张。你呢？
   乙：______________________（把……看成……）
3. 甲：我现在遇到一些困难，你能帮帮我吗？
   乙：______________________（只要……，就……）
4. 甲：你们那里的住房条件和北京差不多吧？
   乙：______________________（相比之下）
5. 甲：这些衣服虽然还很新，可是已经过时了，怎么办？
   乙：______________________（索性）
6. 甲：我今天打算去王府井买东西，你想去哪里？
   乙：______________________（恰巧）
7. 甲：刚才你那么着急要去给王京打电话，到底找到他了没有？
   乙：______________________（恰巧）
8. 甲：这个房间条件比较好，但是租金很贵，你愿意住吗？
   乙：______________________（宁愿）
9. 甲：听说他虽然是业余歌手，可歌唱得非常好，是真的吗？
   乙：______________________（不亚于）
10. 甲：明天有排球比赛，咱们一起参加吧！
    乙：______________________（偏偏）
11. 甲：他刚来的时候，汉语水平比大家差一些，对吗？
    乙：______________________（功夫不负有心人）

六、用指定的句式改写句子：

1. 这就是你要借的那本书。（不就是……吗）
2. 你想真正学会一种外语。要实现这个理想，你要把主要精力放在学习上。（不是……吗）
3. 你希望我告诉你真实的情况。好吧，我现在就告诉你。（不是……吗）
4. 我虽然很努力，但成绩不太理想。弟弟比我聪明，学习成绩也比我好。（相比之下）
5. 夏天很热，秋天比夏天凉快。（相比之下）

七、选择合适的词语填空：

（合、偏偏、适应、调整、一定、障碍、沮丧、理智、不得已、扇、试着）

1. 要在汉语水平考试中取得好成绩是有（　　　　）难度的。如果第一次考不好，千万不要(　　　　),只要继续努力,就一定会达到目标。

2. 你不要生气了,他也没办法,这样做也是(　　　　)的。

3. 刚到上海时,我不太(　　　　)这里的生活,饭菜都不太(　　　　)口味,语言上有很多(　　　　)。幸亏我有比较(　　　　)的头脑,我知道我是为学汉语而来的,不是为了享受而来的。于是,我就(　　　　)用还不太好的汉语购物、问路、交朋友,现在,我已经(　　　　)好自己的心态了。

4. 我本来希望今天提前到学校,可是因为交通堵塞,我(　　　　)迟到了。

5. 这个房间有一(　　　　)天窗。

八、你赞同课文中这些话所表达的道理吗?为什么?

1. 功夫不负有心人。
2. 宁愿为保护脚而磨破鞋,也不为节约鞋而光着脚。
3. 多留意你周围隐藏的快乐源泉。
4. 当你灰心的时候,再试一次吧!
5. 培养一些幽默感可以帮你渡过难关。

九、反问句语气练读:

1. 你离开家,不就是想寻找一个不同的世界吗?
2. 你不就是要找这本书吗?
3. 你们不是想了解这里的情况吗?我给你们说说吧。
4. 她不是已经同意了吗?那你就别犹豫了,去找她吧。
5. 只有感到幸福的人才是幸福的,不是吗?

十、排列句子顺序,组成语段:

1. a. 这个商店的食品很便宜
   b. 相比之下
   c. 质量也很好
   d. 那个商店就差得远了

2. a. 这本小说读起来比较容易
   b. 我读起来觉得语言和文化上的障碍比较多
   c. 那本小说的生词很多
   d. 相比之下

3. a. 我绕着剧院走了一圈
   b. 功夫不负有心人
   c. 在一个不起眼儿的角落,我看到了一个小门
   d. 看看其他地方是否有别的入口

4. a. 又让人感到麻烦的事情
   b. 才能在旅行中得到乐趣
   c. 旅行是一件既使人愉快

d. 需要很强的适应能力

e. 很理智的头脑

5. a. 因此这里的人宁愿采用人力劳动方式

b. 机械化的过快发展使一部分人失去了工作

c. 也不使用机器

d. 后来我才明白

十一、谈一谈或写一写你对旅行的体验，尽量用上课文中的词语：

浪漫　观赏　相比之下　宁愿　体验　恋恋不舍　不堪　抱怨

恰巧　干脆　沮丧　意志　情调　幽默感

十二、用下列常用词语造句：

1. 比喻
2. 抱怨
3. 不得已
4. 体验
5. 留意
6. 索性

阅读课文

在旅游中当一回新郎

不久前我到西双版纳去旅游，在民族风情村，我做了一回新郎——当然是旅游项目中的新郎。我曾参观过许多名胜古迹，相比之下，这个民族风情村更有特色，由富有民族特色的栏杆式竹楼组成。我随意走进其中的一座，站在门口的迎宾小姐把我引进一间可以容下几十人的大房子，当中有一个火塘。这种房子可以供一个父系家庭全体成员聚居。几位身着民族服装的姑娘在火塘边跳舞，游客们则坐在矮凳子上观看。过了一会儿，姑娘们便笑着走过来邀请男青年跳舞，相比之下，我比别的游客年纪大些，可我也被一位姑娘选中了。我跟在姑娘们的后边，模仿她们的动作，围着火塘边唱边跳，伴奏的是传统的木鼓，声音很大，气氛热烈。一曲完毕，少女们便招呼各自的舞伴在方桌旁坐下，举行婚礼仪式。她事先在我的手腕上系上三道红线，教我同样给她系上。她的普通话说得特别流利："现在，我把你看成我的新郎了。我们系的是死结，表示咱俩永不变心。"接着又剥开一颗糖的糖纸，把糖放进我嘴里。我没等她教，也给她喂了一颗糖，她笑着夸我聪明。我偷偷看了看旁边的"新郎"，大家都是一副喜气洋洋的样子，真的把自己当成新郎了。然后我们便端起小酒杯，第一杯酒洒向空中，表示敬天；第二杯酒洒到地上，表示敬地；第三杯酒是新郎新娘互敬。我的新娘甜甜地对我说:“以后你不管走到哪里,可别忘记西双版纳有你的妻子。”我跟她开玩笑说:“可我已经结过婚了,怎么办呢?”新娘的头脑很灵敏,她马上说:“那就请你不要忘记这次宝贵的经历。”她真的很聪明可爱,我差点儿就爱上她了,幸好这只是一种旅游的活动。

最后我们举行入洞房仪式。一对对新婚夫妇被众人推进挂着门帘的洞房,洞房里布置得很有特色,大红的绸缎被子整整齐齐地叠在床上。节目到此也该结束了,可我的新娘羞答答地好像有什么话要说——我还以为她还有什么甜言蜜语没说完呢,原来她对我说:“新郎,你给新娘准备好彩礼了吗?”边说边把一个绣花的小包挂在我脖子上。我从幸福感中抬起头来,看到墙上的一块小牌子:“请交彩礼费30元。”我乖乖地跟着新娘到服务台交了钱。我的这次“新郎经历”就到此结束了。我觉得这是很有趣的旅游活动。

(选自《生活时报》2002年3月8日,作者洪烛,有改动)

第二课

起名字

我很喜欢谈天说地，也很喜欢写随笔[1]。所谓随笔，不过是以笔代嘴的意思，随心所欲[2]，想到哪儿就写到哪儿。这篇随笔就说说我的名字吧，我的名字很多人都称赞，说是用不着另外取笔名[3]了，不像苏童和刘恒，一个叫童忠贵，一个叫刘冠军，这样的名字签[4]在作品的下面，实在有点儿那个[5]。我这样的名字，作家使用最好不过了，同名的可能性非常小。“兆”和“言”本来都是取名时常用的字，可是把它们合在一起作名字，当真[6]就有了独特性。

我的名字只不过是爱情的产物[7]。父亲给我取名的时候，使用了拆字[8]游戏的“伎俩”[9]：我母亲姓姚[10]，“姚”的一半是“兆”；父亲名“至诚”，繁体字[11]的“诚”是“言”字旁。父亲和母亲拿自己的名字开刀动手术，一人给我半个字，于是便有了我的大名[12]“叶兆言”。

父亲为我取的名字曾得到了祖父的赞许[13]。要得到祖父的赞许并不容易，尽管祖父自己替人取名字一向不太认真。祖父取名字的特点是随意[14]。伯父在他的兄弟姐妹中是老大[15]，叫至善，姑姑是老二，叫至美，父亲最小，本来应该叫至真，可是祖父故意闹别扭[16]，把应该叫“至真”的名字改成了至诚。祖父晚年[17]和父亲闲聊，曾笑谈给父亲取名的想法，他觉得起“至真”这个名字是顺理成章[18]的，谁都会想到的，于是偏偏改成“至诚”，让大家的想法都落空[19]。我伯父的几个孩子的名字也是祖父取的，大堂哥[20]叫三午，因为祖父属马，大伯属马，大堂哥也属马的缘故[21]。二堂哥小时候一直没有学名[22]，因为长得胖，小名[23]就叫“大块头”[24]，这是南方人对胖小孩儿的一种叫法，叫顺口[25]了，干脆找了个音近[26]的字：大奎[27]。堂姐也是如此，都叫她小妹，叫惯了，再找形状相近的字：小沫[28]。最小的堂哥生于国际争取持久和平年，这一次更省事[29]，就叫永和，是一个再普通不过的名字。

我自己对取什么样的名字，在一段时间内，很在乎。十二年前刚开始发表作品的时候，我想自己无论如何得有一个响亮[30]的笔名，而且，作为一个“大作家”，仅仅有一个笔名远远不够。我最初发表了三篇小说，用了三个名字，一是真名真姓，一是“邓林”，用了“夸父逐日①”的典故[31]，一是“孟尼”，是“梦里”的谐音[32]。当时年轻气盛[33]，认为自己每一种风格的东西都应该有一个独特的笔名。

起笔名常常跟自己的生活经历有关。我想起自己用过的几个笔名就忍不住发笑。读研究生的时候，因为已经成了家，又迫不及待[34]地添了个很可爱的小女儿，囊中羞涩[35]，于是写文章、用笔名都免不了[36]与钱“沾亲带故”[37]。用得最多的是“刘克”，本来想用德国的货币[38]单位“马克”，后来想想，即使自己不怕俗气[39]，用稿单位恐怕也不太乐意接受，于是把“马”改成“牛”，最后又把“牛”改为“刘”。与此类似[40]的“货币笔名”还有“梅远”。我写过一组关于女孩子的文章，用的是一个女性名字：“萧菲”，实际上就是“小费”的谐音。

此外，我用过的笔名有“叶言”，有“舒书”，用得最多的是“谈风”。“谈风”原是父亲的笔名，我不管三七二十一②，和他打了个招呼，拿过来就用。用“谈风”这个笔名，我发表了四十四篇有关过去中学生的随笔，我装出很有学问[41]的样子，在文章里大谈过去的中学，从吃喝玩乐[42]，到当时的道德风尚[43]，从轶文[44]趣事，到当时学生的伦理[45]情操[46]，真可以说是无所不谈[47]，什么都敢吹。很多中学生都以为我是个从旧社会[48]过来的老先生，他们写信给我，把我当成了和他们爷爷同一辈的老人，现在想起来，觉得滑稽[49]透了。

我所起的最不成功的名字，是我女儿的名字。当时和父亲商量来商量去，给女儿起了个名字叫叶子。理由[50]是女儿出生在甲子年，属鼠。女儿出生时，正是半夜，一声啼哭[51]后，护士出来报信[52]，有气无力[53]地说：“姓叶的，是个女的！”她那个样子就好像是她出了什么过失[54]似的，和她前一次出来报告别人生了个儿子时喜气洋洋[55]的神情相比，简直不像是同一个人。我当时就有点儿生气，时代不同了，男女都一样了！如果一对夫妻只能要一个孩子的话，我更情愿要女儿。因为有点儿赌气[56]，给女儿起名字就考虑得不全面。结果怎么样？我的想法和三流[57]电视剧的编剧不谋而合[58]，电视剧上常常可以见到“叶子”这个名字。女作家们也常常用“叶子”作笔名。过去不会留心[59]，现在突然发现竟然有那么多的人叫叶子，糟透了。

给人起名字不像商品的注册[60]商标[61]，不能申请专利[62]。女儿去上学，同年级果然有三个叶子，两个女的，一个男的。正当我犹豫之际，另一个女叶子已经把名字改成了“叶梓[63]”。这种换字法只省去了书面语方面的麻烦，发音还是一样，老师说起名字来，还不得不加上“一班的”或者“四班的”才能分辨[64]。更麻烦的是男叶子跟我女儿在一个班，我向老师建议就叫男叶子或者女叶子，可老师觉得别扭，于是按出生年月，男叶子大一些，就叫大叶子，我女儿小一些，只好叫小叶子了。男叶子的父亲比我还耿耿于怀[65]，不止一次向我和我妻子抱怨，说孔子、孟子、庄子、老子③都是男的，女孩儿凭什么也叫"子"？只有日本女孩儿才这样起名字。当初怎么也不会想到给女儿起名字会惹出这么些麻烦，本来，谁都会有个名称，叫什么名字没必要太认真，重要的是人本身[66]的质量。但是，同名同姓的确是个问题，中国因为人多，起名字就有可能雷同[67]，即使叫阿猫阿狗，大牛小牛，也是有可能撞车[68]的。

总之，起名字不是一件很容易的事，人们都愿意自己有个完美的名字，当父母的也想尽一切办法给孩子起个既独特又好听的名字。名字只是个符号，可一旦起了名字，人就和那个特定[69]的符号挂起钩[70]来了，要改也难。不过，符号说到底只是符号，就像商品一样，名字再好听，如果货色[71]不对，也不会被人信赖[72]。

（选自《名与身随》，作者叶兆言，略有改动）

注释

① 夸父逐日

是古代的一个神话，有个名叫夸父的人，为了追赶太阳而一路奔跑，他渴极了，喝完了黄河、渭河的水，还要继续追赶，最后渴死在路上，他遗留下的木杖，后来变成了一片树林，叫作邓林。后人用这个成语比喻决心很大，也比喻不自量力。

② 不管三七二十一

指因为急着要做某事而不考虑任何原因或理由。

③ 孔子、孟子、庄子、老子

都是我国古代的思想家、哲学家。

生词

1. 随笔	（名）	suíbǐ	散文的一种，写法比较随意。
2. 随心所欲		suí xīn suǒ yù	按照自己的愿望说话做事。
3. 笔名	（名）	bǐmíng	发表文章、作品时使用的名字。
4. 签	（动）	qiān	在信件、作品、文件上写下自己的名字。

5. 那个	（代）	nàge	本文指代替不愿说出来的话，含批评、讽刺意味。	
6. 当真	（副）	dàngzhēn	真的，果然。	
7. 产物	（名）	chǎnwù	在一定的条件下产生的事物。	丙
8. 拆字		chāi zì	本文指把汉字的几个部分分开。	
9. 伎俩	（名）	jìliǎng	不正当的手段。	
10. 姚	（名）	Yáo	姓。	
11. 繁体字	（名）	fántǐzì	已用简化字代替的汉字。	丁
12. 大名	（名）	dàmíng	本文指人的正式名字。	
13. 赞许	（动）	zànxǔ	赞同，称赞。	
14. 随意	（形）	suíyì	按自己的意思（做事），不拘束。	丁
15. 老大	（名）	lǎodà	本文指家庭中最大的孩子。	
16. 别扭	（形）	bièniu	意见不合，有矛盾。	丁
17. 晚年	（名）	wǎnnián	老年。	丁
18. 顺理成章		shùn lǐ chéng zhāng	本文比喻某种情况合乎情理，自然产生某种结果。	
19. 落空		luò kōng	未能实现。	
20. 堂哥	（名）	tánggē	伯父或叔叔的比自己大的儿子。	
21. 缘故	（名）	yuángù	原因。	丙
22. 学名	（名）	xuémíng	上学时使用的名字。	
23. 小名	（名）	xiǎomíng	在家里称呼的非正式的名字。	
24. 大块头	（名）	dàkuàitóu	身材高大、较胖的人。	
25. 顺口	（形）	shùnkǒu	读或说时流畅，容易出口。	
26. 音近		yīn jìn	声音相近。	
27. 奎	（名）	kuí	用于名字。	
28. 沫	（名）	mò	本文用于名字。	
29. 省事		shěng shì	不麻烦，不费事。	
30. 响亮	（形）	xiǎngliàng	声音大。比喻出色、有名气。	丙
31. 典故	（名）	diǎngù	古书中的故事和词句。	
32. 谐音	（动）	xiéyīn	字词的音相同或相近。	
33. 年轻气盛		niánqīng qìshèng	年纪轻，信心足，有干劲儿。	
34. 迫不及待		pò bù jí dài	急得不能再等待了。	
35. 囊中羞涩		náng zhōng xiūsè	指钱不够，经济困难。	
36. 免不了	（动）	miǎnbuliǎo	不能避免。	
37. 沾亲带故		zhān qīn dài gù	有亲戚朋友关系，比喻与某种事物有关系。	

38. 货币	（名）	huòbì	固定充当一切商品的等价物的特殊商品；钱。	丁
39. 俗气	（形）	súqi	庸俗，不高雅。	
40. 类似	（动）	lèisì	大致相似。	丙
41. 学问	（名）	xuéwen	专门、系统的知识；学识。	乙
42. 吃喝玩乐		chī hē wán lè	泛指生活中的享受。	
43. 风尚	（名）	fēngshàng	一定时期内普遍流行的风气。	丁
44. 轶文	（名）	yìwén	历史上没能留存下来的、散失的文章。	
45. 伦理	（名）	lúnlǐ	人际关系中大家都应遵守的道德原则。	
46. 情操	（名）	qíngcāo	感情和道德观念。	
47. 无所不谈		wú suǒ bù tán	没什么不谈的。	
48. 旧社会	（名）	jiùshèhuì	指 1949 年以前的中国。	
49. 滑稽	（形）	huáji	可笑。	
50. 理由	（名）	lǐyóu	做事的道理、根据。	乙
51. 啼哭	（动）	tíkū	出声地哭。	
52. 报信		bào xìn	报告消息。	
53. 有气无力		yǒu qì wú lì	没有精神、没有力气的样子。	
54. 过失	（名）	guòshī	无意中犯的错误。	丁
55. 喜气洋洋		xǐqì yángyáng	很高兴的样子。	
56. 赌气		dǔ qì	指因为不满意或不服气而故意做某事。	
57. 三流	（形）	sānliú	不好的，比较差的。	
58. 不谋而合		bù móu ér hé	没有商量过而意见、想法一致。	
59. 留心		liú xīn	注意；关心。	丁
60. 注册	（动）	zhùcè	在有关部门办理登记等手续。	丁
61. 商标	（名）	shāngbiāo	商品标志的特定图案、文字。	丁
62. 专利	（名）	zhuānlì	某种事物的发明者依法受到保障的独有的使用权利。	丁
63. 梓	（名）	zǐ	本文用于名字。	
64. 分辨	（动）	fēnbiàn	区分，区别。	丁
65. 耿耿于怀		gěnggěng yú huái	形容心里老想着某些事情，不能忘记。	
66. 本身	（代）	běnshēn	本人自己；事物自身。	丙
67. 雷同	（动）	léitóng	比喻语言、文字等与别人的相同。	
68. 撞车		zhuàng chē	车辆互相碰撞，比喻时间冲突或内容重复。	
69. 特定	（形）	tèdìng	与一般不同的，独特的。	丁
70. 挂钩		guà gōu	直接联系起来。	丁
71. 货色	（名）	huòsè	商品的品种和质量，比喻人的品质。	
72. 信赖	（动）	xìnlài	相信。	丁

专名

苏童	Sū Tóng	人名，当代作家。
刘恒	Liú Héng	人名，当代作家。
叶兆言	Yè Zhàoyán	人名，当代作家。

词语、句式例释

1. 我这样的名字，作家使用最好不过了。

“最(再)＋形＋不过”这种句式表示最高程度，在句中常作谓语。如：

(1)他干这工作最熟练不过了。

(2)如果能让他来解释，那再好不过。

(3)你也去？这再好不过啦。

(4)这样的解释已经再清楚不过了。

(5)今天的结果，我是再高兴不过了。

2. 要得到祖父的赞许并不容易，尽管祖父自己替人取名字一向不太认真。

“替”除了作动词表示代替外，也是介词。上面的例句里“替”是介词，引出动作行为的服务对象或受益者，与“为、给”引介动作受益者的作用相同。需要注意的是，这三个介词也各自带有自己原来动词的意义特点：介词“替”保留着代替的意思，“为”可以表示目的、原因，“给”可以表示传递等。如：

(1)我替你拿这个包吧。(可换用“为”“给”)

(2)他一定要替父亲报仇。(可换用“为”“给”)

(3)我们也要替别人想一想，不能只考虑自己的利益。(可换用“为”“给”)

(4)我们要为这个目标的实现而努力。(不能换用“替”“给”)

(5)她给我打了个电话。(不能换用“替”“为”，否则意义会改变)

3. 因为已经成家，又迫不及待地添了个很可爱的小女儿，囊中羞涩，于是写文章、用笔名都免不了与钱“沾亲带故”。(复句知识)

复句是指由两个或两个以上的分句构成的句子，如：因为我们俩在学校外边租到了一套房子，于是就天天一起骑自行车去学校。

有时构成复句的分句本身又是复句，即分句中还包含着分句。这种具有两个以上层次的复句叫多重复句。多重复句有两层的，有三层或更多层次的。如上例中，“因为……，于是……”是表示因果关系的第一重复句，而表示原因的部分是两个并列的分句：“已经成家”“又迫不及待地……”，因此这是一个二重复句。这样的二重复句例子还有：

(1)因为她聪明，又长得漂亮，所以追求她的男孩子很多。

(2)因为他对我有救命之恩，所以我不能拒绝他，他说什么我都得听。

(3)如果我有足够的钱，那我不但要去新疆旅行，还要去西藏旅行。

(4)只要你按我的意见去做，那你就不但会说服小李，还能得到小张的支持。

4. 此外，我用过的笔名有“叶言”，有“舒书”，用得最多的是“谈风”。

“此外”是连词，表示“除了上面所说的之外”，用在句子或段落之间，起连接句子或段落的作用。如：

(1)屋子里有一张床、一张桌子和一把椅子，此外，还有一个书架。

(2)他当过工人、农民，此外，还当过两年兵。

(3)姐姐给我寄来一些钱，此外，还有一个装满食物的包裹。

(4)她给我们姐妹留下一套破旧的房子，此外，就没什么值钱的东西了。

(5)你必须当面向他们道歉，此外，你马上把房子给他们修好。

5. a. 现在想起来，觉得滑稽透了。

b. 现在突然发现竟然有那么多的人叫叶子，糟透了。

“透了”用在动词、形容词后面作补语，表示完全、彻底。如：

(1)跑了五圈，我的衣服都湿透了。

(2)树上的苹果熟透了。

(3)晚上8点，天已经黑透了。

“透”常用在部分有贬义或有消极意义的形容词、动词后面作补语，表示程度很高，后面一定有“了”。如：

(4)这种产品的质量糟糕透了。

(5)弟弟真是懒透了，房间这么脏也不收拾一下。

(6)这些人什么坏事都做，坏透了。

(7)这些事情麻烦透了。

(8)我恨透了这种骗子。

6. 当时和父亲商量来商量去，给女儿起了个名字叫叶子。

“来”“去”分别用在同一动词或意义相同或相近的动词后面，构成“动＋来＋动＋去”格式，表示动作多次反复。如：

(1)几只小鸟在窗外飞来飞去。

(2)他在床上翻来覆去的，怎么也睡不着。

(3)他们讨论来讨论去，意见总是不一致。

(4)思来想去，也只有这么一条路可走了。

练　习

一、熟读下列词组，并选择合适的填在下面的句子里：

最好不过	闹别扭	替孩子取名字	喜气洋洋	糟透了
再合适不过	闹病	替父母担心	暖洋洋	湿透了
最普通不过	闹水灾	替你高兴	懒洋洋	倒霉透了

1. 他送我的那件毛衣又大又厚，穿在身上＿＿＿＿＿＿＿＿的。
2. 我妹妹现在跟我＿＿＿＿＿＿＿＿，我说什么她都听不进去。
3. 在运动场跑了三圈儿，浑身出汗，我的衣服都＿＿＿＿＿＿＿＿了。
4. 你考上那么好的学校，我们大家都＿＿＿＿＿＿＿＿。
5. 上身一件T恤衫，下身一条牛仔裤，这样的打扮在大学生中是＿＿＿＿＿＿＿＿的。

二、在下列名词前加上合适的动词：

＿＿＿名字　＿＿＿游戏　＿＿＿学问　＿＿＿专利

＿＿＿手术　＿＿＿别扭　＿＿＿招呼　＿＿＿麻烦

三、成语填空：

随心所（　　）　迫不及（　　）　（　　）中羞涩　沾亲带（　　）

有气无（　　）　不（　　）而合　耿耿于（　　）　年轻气（　　）

四、写出下列词的近义词：

赞许（　　）　伎俩（　　）　信赖（　　）　乐意（　　）

过失（　　）　雷同（　　）　留心（　　）　类似（　　）

五、用指定的词语完成对话：

1. 甲：我刚到北京一星期，对这里的生活还不太习惯。
   乙：＿＿＿＿＿＿＿＿＿＿＿＿＿＿＿＿＿＿＿＿（免不了）
2. 甲：这件事你向你父亲解释了吗？他的态度怎么样？
   乙：＿＿＿＿＿＿＿＿＿＿＿＿＿＿＿＿＿＿＿＿（不管三七二十一）
3. 甲：你平时自己做饭吗？
   乙：＿＿＿＿＿＿＿＿＿＿＿＿＿＿＿＿＿＿＿＿（省事）
4. 甲：你们在网上聊天儿的时候，有没有专门的话题？
   乙：＿＿＿＿＿＿＿＿＿＿＿＿＿＿＿＿＿＿＿＿（随意）
5. 甲：她最近怎么不给你打电话了？出了什么事？
   乙：＿＿＿＿＿＿＿＿＿＿＿＿＿＿＿＿＿＿＿＿（别扭）
6. 甲：这个假期你按计划去旅游了吗？玩儿得怎么样？
   乙：＿＿＿＿＿＿＿＿＿＿＿＿＿＿＿＿＿＿＿＿（落空）
7. 甲：北京的汽车太多了，这是空气污染的一个重要原因。你们那里的环境情况怎么样？
   乙：＿＿＿＿＿＿＿＿＿＿＿＿＿＿＿＿＿＿＿＿（类似）
8. 甲：你们这个学期都有哪些课？
   乙：＿＿＿＿＿＿＿＿＿＿＿＿＿＿＿＿＿＿＿＿（此外）
9. 甲：手抓肉怎么样？我还没尝过呢。
   乙：＿＿＿＿＿＿＿＿＿＿＿＿＿＿＿＿＿＿＿＿（最……不过……）

10. 甲:听说那部电影很不错,你看过没有?

乙:______________________________(不止)

11. 甲:在这篇课文中,作者父亲的名字应该叫"至真",对吗?

乙:______________________________(偏偏,把……改成……)

12. 甲:这几天天气怎么样?

乙:______________________________(……透了)

六、辨析括号里的词,选择合适的词填空:

1. 有些商人用仿造名牌产品的 ________ 来赚钱。(伎俩、技术)
2. 我很不喜欢这个人,和他在一起时感到 ________ 。(赌气、别扭)
3. 你说的话我都 ________ 。(相信、信赖)
4. 我想买个洗衣机,这样,洗什么衣服啦,床单啦,都很 ________ 。(节省、省事)
5. 这种少数民族服装非常 ________ 。(独特、特点)
6. 父亲总是 ________ 公司的事操心。(为、替)
7. 和爷爷分别时,我想 ________ 爷爷鞠个躬。(替、给)
8. 请你 ________ 我向他问好。(替、为)
9. 今天天气晴朗 ________ 。(极了、透了)

七、用指定的句式改写句子:

1. 我在城外买了一套新房子,而且买了一辆车,钱基本上花完了,我想再找一份工作多挣点儿钱。(因为……,又……,于是……)
2. 对北京的公园我很感兴趣,我拍了许多照片,城南的天坛、城北的圆明园、北海的白塔、颐和园的万寿山,我都用照相机拍下来,成为我的珍贵记忆。(从……到……,从……到……)
3. 生活水平提高了,人们的购买能力也提高了,现在那些很贵的汽车、化妆品,也拥有大量的消费者。(因为……,即使……,也……)
4. 刚才我们已经说明了我们对这个问题的看法。我们还可以再补充两个理由,说明我们反对这样做的原因。(……,此外……)

八、选择合适的词语填空:

(发笑、远远不够、打了个招呼、喜气洋洋、挂起钩来、注册、赞许、赌气)

1. 名字不是商标,不能(　　　　)。
2. 我觉得,作为一个"大作家",仅有一个笔名(　　　　)。
3. 每当我想起自己用过的几个笔名就忍不住(　　　　)。
4. "谈风"原来是父亲的笔名,我不管三七二十一,和他(　　　　),拿过来就用。
5. 护士出来告诉我生的是个女孩儿时,显得有气无力的,而她前一次出来给别人报信,说生了个男孩儿时,却是(　　　　)的。
6. 因为护士的态度使我很不高兴,我给女儿起名时就有点儿(　　　　),考虑得不全面。
7. 名字只是个符号,可是人一旦起了名字,就和那个符号(　　　　)了。

8. 父亲给我取的名字得到祖父的（　　　　）。

九、排列句子顺序，组成语段（注意二重复句间的关系）：

1. a. 因为作业已经完成
   b. 教室里又太冷
   c. 骑车回宿舍去了
   d. 于是就收拾好书包
   e. 我冷得有点儿发抖

2. a. 所以请他帮忙的人很多
   b. 因为他对人很热心
   c. 愿意跟他交朋友的人也很多
   d. 能力很强
   e. 遇到困难时能想出办法

3. a. 不但能得到更多的机会练习口语
   b. 如果能认识一些汉族朋友
   c. 也能了解到更多的风俗文化
   d. 或者到汉族人的家里做客

4. a. 父亲为我取的名字曾得到了祖父的赞许
   b. 要得到祖父的赞许并不容易
   c. 也得到祖母的赞扬
   d. 尽管祖父自己替人取名字一向很随意

5. a. 那么体重就能降下去
   b. 身材就会苗条起来
   c. 只要你坚持天天锻炼
   d. 少喝一点儿甜的饮料

十、用下列常用词语造句：

1. 留心
2. 分辨
3. 不止
4. 信赖
5. 缘故

十一、调查一些人的名字（可分男的、女的或不同年龄阶段的）、商店的名字、商品的名字。说说你认为哪些名字起得好。

阅读课文

“王大娘饺子店”和“王大娘肉店”

商店的名字虽然只是个符号，但所附加的信息量也很多，如表示商店的所在地区、序号、经营方式、经营性质等等，还要好听、高雅、吉利、避免歧义(qíyì)。如：

王大娘饺子店

万里鞋店

王府井百货大楼

利客隆超市

百草药店

北极冰室

这些名称都非常适合所属商店的经营特点。若把“百草药店”与“万里鞋店”的修饰语(xiūshìyǔ)对调一下，叫作“万里药店”和“百草鞋店”，就显得有点儿滑稽和毫无意义。“北极冰室”的名字也很好，在大热天，人们看到“冰室”二字已觉凉爽(shuǎng)，“北极”更让人把北极和凉爽挂起钩来，于是被吸引着走进来，喝上一杯冰水，吃上一个冰激凌，浑身都舒服了。如果改成个普通的“冷饮室”，虽然也表示基本相同的意义，但却没什么特点，太一般化了。

商店的名称还可以利用谐音表示吉利、表示心愿，如“永和豆浆店”“莲花饭店”等。“永和”表示永远和平，表达平安生活的愿望；“莲花”则是“年年发财”的谐音。

商店的名称还要注意美感，不要引起歧义。如“王大娘饺子店”的名字很好，“王大娘”让人感到亲切，使人有回到家里的感觉，吃饺子就觉得香。但若起一个“王大娘肉店”的名字，就会有两个信息：(1)王大娘开的经营肉食的商店；(2)出售王大娘的肉的商店。虽然人们一般不会误解，但从字面传达的另一个信息也会不知不觉地出现在顾客的脑中，引起不美的联想。

因此起名字还是要考虑得全面一些才好。

第三课

我的第一份工作

1999年11月，我的硕士[1]论文已经提前完成，离答辩[2]尚[3]有数月。毕业在即[4]，我想走进社会的大门去试试运气，于是我背起简单的行李，踏上了去深圳的打工之路。

当长途汽车缓缓通过深圳边检站[5]的时候，我的心剧烈[6]地跳动起来：这就是深圳，就是那个多少人前来淘金[7]的地方。下一步该怎么走？我脑子里还是一片空白。

把行李安置[8]下来后，我做的第一件事就是在报亭买一份当地的报纸，然后迫不及待地在路边翻看起来。翻着翻着，竟然发现满满一版的招聘启事[9]！我高兴得手舞足蹈[10]。再看应聘[11]的地点，是深圳市人才交流大市场。

与附近的高楼大厦[12]相比，人才大市场那座楼毫不起眼。站在这座楼下，我踌躇[13]起来，不知道这座"庙"有多大，也不知道这里的"和尚"来自何方①。徘徊[14]了足足[15]十分钟之后，我还是咬咬牙走了进去。

大厅里有一百多家单位在招聘。有外资公司，也有合资[16]公司，有国营[17]企业，也有私营[18]企业。第一天，我在各处转了近三个小时，先后向五个单位递交了简历[19]，其中的两家公司跟我约好了面试的时间。第二天我又来了，转着转着，我眼前一亮，只见一家香港电子[20]设备公司的电子显示牌上写着：聘总工程师[21]一名，男，35岁以下，机电[22]一体[23]化专业，硕士，名牌大学毕业。嘿[24]，太巧了，这个职位好像是专门为我设置[25]的。我整理了一下胸前的领带，稳定了一下情绪，果断[26]地把简历递了过去，对方工作人员浏览[27]了一下，马上就与我约定了面试的时间。

接下来，我要为即将到来的面试作一些必要的准备。在学校的每次大考到来之前，我都会留出一两天的时间来让自己放松一下，作一些必要的心理调整。我漫无目的[28]地走在大街上，感受着南国风情。没想到深圳是那么干净，空气是那么湿润，满眼都是绿色，令人心情舒畅，我紧张的神经渐渐松弛[29]下来。

尽管思想上已经作了充分的准备，但面试的过程还是出乎我的意料[30]。从早上9点到中午12点，面试进行了整整3个小时。从我的专业设计[31]到计算机的使用，还有我刚刚完成的毕业论文，我都一一顺利地应付过去了。但最后，老板用英语对我说："能否说一说到公司以后你的打算?"对这个问题我是有所准备的，但没想到是用英语来谈。在沉默了一分钟后，我开始回答。我从我的经历说起，一边思考着，想慢慢过渡[32]到正题。我用这种比较笨的办法来避免冷场[33]。我知道，要是我的沉默再延续两分钟，可能这次面试就会以失败而告终[34]。

考试终于结束了。15分钟之后，人事部经理出来通知我：你被录用[35]了。还没等我的神经松弛下来，他接着就通知我："明天你跟老板一起去上海，你得尽快[36]熟悉公司的业务。有问题吗?"天啊，明天，去上海，和老板一起去，简直不让人喘一口气。但我只能机械地回答："行，没问题。"

次日，和老板抵达[37]上海，已是中午1点多钟。草草[38]用过午餐[39]后，上海分公司的经理开始汇报[40]工作，主要汇报市场的开拓[41]情况以及客户[42]的反馈[43]意见。他汇报了两小时，我在一旁马不停蹄[44]地记录了两小时。随后[45]，老板又和公司的一家竞争对手进行商谈[46]，谈的主要是产品的价格问题。价格关系到公司各自的利益，谈话进行得非常艰难，双方发生了几次争执[47]，都拍了两次桌子。7点，我跟老板乘车赴[48]一个宴会，东道主[49]是一位外国公司在中国的总代理[50]，也是我们的客户。他们的谈话是用英语进行的，虽然谈的也是价格问题，但因为双方一直保持较好的合作态度，谈话气氛很和谐[51]，与两小时以前完全不同。给我印象最深的，是他们在谈话中反反复复地用了"折扣[52]"这个词。每当谈到折扣，双方都会掏出计算器[53]按上半天。

这就是我正式打工的第一天，我走进的是一个完全陌生的领域[54]。我又紧张又兴奋，这里有很多我还不熟悉的东西需要去学，包括我一直以来自以为还算不错的英语。学习真是无止境[55]的啊。这就是商界，一个充满竞争、也充满诱惑[56]的领域。我总算对它有所了解了。

大约两个月后，由于公司发展的需要，公司准备再聘一批业务员[57]和工程师，还要聘一名英语翻译，由我负责这次招聘工作。

吩咐秘书去人才大市场预订位置后，我便开始考虑怎样着手[58]招聘，如何把公司的宣传牌做得更好一些，以便吸引那些有才能的人。我努力回想自己去应聘时，别人是怎么和我谈话的，都谈了哪些问题，有些什么程序[59]。可能那时太紧张了，很多细节[60]我都回忆不起来了。第二天，我在招聘现场[61]坐了一上午，和许多人谈了话，收下了上百份简历，累得脑子都转不动了。直到这时候我才悟出[62]了应聘的技巧：漂亮的简历固然重要，但你与众不同的地方更为重要。主考官[63]不可能记住每一个应聘的人，但却会记住那些有个性的人。

然而，这次我还是记住了一个人，虽然她并不属于有个性的那一类人。那是在中午时分[64]，很多人都吃饭去了，一个高个儿的年轻女子轻轻走过来腼腆[65]地向我递上她的简历："你看我可以吗？"一副怯生生[66]的样子。我想起来了，刚才她在附近徘徊、观察了好久，一定是想来应聘但又缺乏自信心。鉴于她想得到英语翻译这个工作，我就用英语和她交谈起来。从交谈中我了解到，她在北方某个城市当了三年的英语老师，昨天才到深圳，今天第一次来人才市场找工作。最后我对她说："把你的简历留下吧，我会考虑你的情况的。"她的口语不够理想，来应聘的人中有很多比她强的，我知道她很可能会被淘汰[67]，这只是一句安慰的话，我努力把这句话说得温和一些，以免[68]伤害她的自尊心[69]。我心里充满了歉意[70]，也很矛盾，从她身上，我分明看到了自己第一次来找工作时的影子，也是这样胆怯[71]，这样渴望一份工作。

抱着一叠厚厚的简历，我和秘书走出了人才市场大楼。

天还是那么蓝，空气还是那么湿润，深圳还是那么美丽。

（选自《青年文摘》2001年第11期，作者谢学军，有改动）

注释

① **我不知道这座"庙"有多大，也不知道这里的"和尚"来自何方**

传统庙宇都是供奉神佛或名人的地方，这里的"庙"比喻有才能的人很多的地方，"和尚"是指有才能的人。

生词

1. 硕士	（名）	shuòshì	是一种学位，在学士之上，博士之下。	
2. 答辩	（动）	dábiàn	对别人提出的问题进行答复或申辩。	丁
3. 尚	（副）	shàng	还。用于书面语。	丁

4. 在即	（动）	zàijí	在短期内即将发生。	
5. 边检站	（名）	biānjiǎnzhàn	边境检查站。	
6. 剧烈	（形）	jùliè	猛烈，强烈。	丙
7. 淘金		táo jīn	原指用水选的方法从沙子里选出金子，泛指想办法得到财富。	
8. 安置	（动）	ānzhì	安放物件；使人或物处于一定的位置。	丁
9. 启事	（名）	qǐshì	贴在公众场合或登在报刊上的篇幅不长的文字，目的是说明某事。	丁
10. 手舞足蹈		shǒu wǔ zú dǎo	双手舞动，双脚在跳，形容非常高兴。	
11. 应聘	（动）	yìngpìn	到招聘的单位去申请工作；接受聘请。	
12. 大厦	（名）	dàshà	高大的房屋，多用来作高楼的名字。	丁
13. 踌躇	（形）	chóuchú	犹豫，拿不定主意。	
14. 徘徊	（动）	páihuái	走来走去。	丁
15. 足足	（副）	zúzú	达到某个数量或程度。	
16. 合资	（动）	hézī	由两个或几个方面共同投入资金、资产。	丁
17. 国营	（形）	guóyíng	由国家投资经营的（工厂、商场）。	丙
18. 私营	（形）	sīyíng	个人投资经营的。	丁
19. 简历	（名）	jiǎnlì	简要的个人经历。也指写着个人经历的文件。	
20. 电子	（名）	diànzǐ	物理名词。	丙
21. 总工程师	（名）	zǒnggōngchéngshī	技术干部的最高职务名称。	
22. 机电	（名）	jīdiàn	机械和电力设备的统称。	
23. 一体	（名）	yìtǐ	关系密切、互相协调的一个整体。	
24. 嘿	（叹）	hēi	表示得意、惊奇等语气。	乙
25. 设置	（动）	shèzhì	设立，安排。	丁
26. 果断	（形）	guǒduàn	不犹豫，很快作出决定。	丁
27. 浏览	（动）	liúlǎn	很快地、大致地看。	
28. 漫无目的		màn wú mùdì	随意，没有明确目的。	
29. 松弛	（形）	sōngchí	放松。	
30. 出乎意料		chū hū yìliào	没有想到。	
31. 设计	（动）	shèjì	根据一定的目的、要求，预先制订方案、图案等。	乙
32. 过渡	（动）	guòdù	事物由一个阶段、状态转变为另一个阶段、状态。	丙
33. 冷场		lěng chǎng	指开会或谈话时没有说话的情况。	
34. 告终	（动）	gàozhōng	结束；宣布结束。	

35. 录用	（动）	lùyòng	接受（某人的各种申请）；任用。	丁
36. 尽快	（副）	jǐnkuài	尽量加快。	丁
37. 抵达	（动）	dǐdá	到达。	丁
38. 草草	（副）	cǎocǎo	急急忙忙，随便。	
39. 用餐		yòng cān	吃饭。	
40. 汇报	（动）	huìbào	向上级、向群众报告。	丙
41. 开拓	（动）	kāituò	扩展，使更大。	丁
42. 客户	（名）	kèhù	商业部门、企业称前来谈生意的公司代表。	
43. 反馈	（动）	fǎnkuì	这里指信息的返回。	丁
44. 马不停蹄		mǎ bù tíng tí	比喻一刻也不停留。	
45. 随后	（副）	suíhòu	表示紧接着某种情况或行动之后。	丙
46. 商谈	（动）	shāngtán	商量讨论。	
47. 争执	（动）	zhēngzhí	在争论中各自有不同的意见。	
48. 赴	（动）	fù	前往，去（参加）。	丁
49. 东道主	（名）	dōngdàozhǔ	请客的主人。	
50. 总代理	（名）	zǒngdàilǐ	受集团、公司委托从事商业活动的总负责人。	
51. 和谐	（形）	héxié	配合得适当，关系融洽。	丁
52. 折扣	（名）	zhékòu	买卖货物时，价格按十分之几减算，叫折扣。	
53. 计算器	（名）	jìsuànqì	用来进行计算、统计的电子器具，体积一般较小。	
54. 领域	（名）	lǐngyù	范围，方面。	丙
55. 止境	（名）	zhǐjìng	终点，最后的界限。	
56. 诱惑	（动）	yòuhuò	吸引，引诱。	丁
57. 业务员	（名）	yèwùyuán	公司、企业中专门承担某种专业工作的人。	
58. 着手	（动）	zhuóshǒu	动手；开始做。	丙
59. 程序	（名）	chéngxù	事情进行的阶段、次序。	丙
60. 细节	（名）	xìjié	事情进行中的细小的环节；具体的做法。	丁
61. 现场	（名）	xiànchǎng	工作、活动进行的场所；事故等发生的地方。	丁
62. 悟	（动）	wù	在不知不觉中体会到、认识到。	
63. 主考官	（名）	zhǔkǎoguān	主持考试工作的人。	
64.（中午）时分	（名）	shífēn	时候。	
65. 腼腆	（形）	miǎntiǎn	害羞，不好意思的样子。	
66. 怯生生	（形）	qièshēngshēng	不好意思、胆小害怕的样子。	
67. 淘汰	（动）	táotài	在竞争、比赛中不能获胜，被迫退出。	丁
68. 以免	（连）	yǐmiǎn	表示做某事的目的是避免产生某种不好的结果。	丁

69. 自尊心	（名）	zìzūnxīn	尊重自己的人格，不向别人卑躬屈节，也不容许别人歧视。	
70. 歉意	（名）	qiànyì	抱歉，感到对不起。	丙
71. 胆怯	（形）	dǎnqiè	胆小，害怕。	丁

专名

深圳	Shēnzhèn	地名，在广东省南部，邻近香港。

词语、句式例释

1. 把行李安置下来后，我做的第一件事就是在报亭买一份当地的报纸。

“下来”用在动词后边作补语，有时表示动作的方向由高到低，有时表示动作完成或使事物固定。如：

(1)这件事他已经答应下来了。

(2)我的心情已经平静下来。

(3)这辆车我一定要买下来。

(4)他们找了个饭店住下来。

(5)我把父母亲安顿下来，就到外边去找工作。

2. 翻着翻着，竟然发现满满一版的招聘启事。

两个“着”分别跟在相同的单音节动词后边，构成“……着……着”格式，表示动作正在进行的时候，出现了新的动作或情况。如：

(1)走着走着，她迷失了方向。

(2)看着看着，他睡着了。

(3)说着说着，他们俩吵起来了。

(4)笑着笑着，不知为什么眼泪掉下来了。

(5)算着算着，连他自己也糊涂了。

3. 聘总工程师一名。

数量短语一般用在名词前作定语，但在简短的启事行文中，为了强调数量，也可以用在名词之后。如：

(1)本公司拟招聘翻译两名，有意者请来报名。

(2)本人拾到钱包一个，请遗失者前来认领。

(3)求租两居室住房一套。

(4)求职者请带简历一份，照片两张。

(5)有现房20套，请速来认购。

4. 这是一个充满诱惑的领域，我总算对它有所了解了。

“总算”是副词，表示经过了一段时间或不断克服困难的努力，愿望终于实现。如：

(1)这篇文章写了三个小时，总算写完了。

(2)双方商谈了好几次，总算签订了协议。

(3)他解释了半天，总算让她明白了。

(4)我找了半天，总算找到了那份文件。

(5)我考了三年，今年总算考上了研究生。

5. 由我负责这次招聘工作。

介词“由”和名词结合构成介词短语，用在动词前使名词成为动作的负责人或执行者。“由……”可以放在主语后面，也可以出现在句首。如：

(1)这个问题由你们解决。

(2)这个旅行团的翻译由你来担任。

(3)由我来介绍一下学校的情况。

(4)由老张负责这项工作。

(5)由各高校学生代表组成的检查团今天来到我校。

6. 我们要把公司的宣传牌做得更好一些，以便吸引那些有才能的人。

“以便”是连词，用在复句的后一分句的开头，表示做了前一分句的事后，有利于实现后一分句所说的情况。如：

(1)商场的电梯两旁设置了一些椅子，以便顾客在购物时休息。

(2)外出旅行时带上一张地图，以便需要时查阅。

(3)多给学生一些鼓励，以便使他们建立信心。

(4)外出时带上手机，以便随时和我联系。

(5)请你把分组名单打印出来，以便在大会后组织讨论。

7. 漂亮的简历固然重要，但你与众不同的地方更为重要。（与“虽然”比较）

“固然”是连词，有两种用法。

A. 用在复句第一分句的主语后，先肯定一个事实，后一个句子用“但是、可是、却”引出转折，用法接近于“虽然”，但“虽然”用在主语前后比较自由，“固然”一般用于主语后，转折较轻。如：

(1)药固然可以治病，但过量服用也会产生副作用。

(2)这个季节雨水多固然让人感觉不舒服，但是对农作物的生长却有好处。

(3)客气固然是一种礼貌，可是过于客气也会给人虚伪的感觉。

(4)这样做固然好，只是太费时间和人力。

B. 表示确认某一事实，后一分句用“也”配合说明同时应该承认另外一个事实，前后意思不矛盾，重在说明后一句。“虽然”没有此项用法。如：

(5)这次比赛大家不要有什么负担，赢了固然值得高兴，输了也是一次锻炼。

(6)这个饭店的包子固然不错，饺子也做得很好，都值得尝尝。

(7)学计算机专业固然令人羡慕，但是学文学专业也很有意思。

(8)爱情固然难得，友谊也值得珍惜。

8. 我努力把话说得温和一些，以免伤害她的自尊心。

“以免”是连词，用在复句的后一分句的开头，表示前一分句的目的是避免发生后一分句所说的不好的情况。如：

(1)要严格遵守交通规则，以免发生事故。

(2)把身份证保管好，以免丢失。

(3)晚上最好不要喝咖啡，以免影响睡眠。

(4)你跟他说话要小心，以免引起误会。

(5)她每天都检查一下闹钟，以免睡过头。

练　习

一、熟读下面的词组：

毫不起眼儿	果断地说	以便查找	安顿下来	交谈起来
毫不犹豫	很果断	以便使用	松弛下来	讨论起来
名牌大学	着手工作	以免伤害对方	答应下来	预订位置
名牌服装	着手解决	以免产生矛盾	记录下来	预订机票

二、给下面的动词加上合适的宾语：

抵达______　调整______　吩咐______　招聘______

汇报______　浏览______　着手______　缺乏______

三、解释下面画线的词：

1. 她腼腆地向我递过来她的简历。
2. 站在这座楼下，我踌躇起来。
3. 今天考完试，明天就上班，简直不让人喘一口气。
4. 我的硕士论文已经完成，离答辩尚有数月。
5. 我还是咬咬牙走了进去。

四、用指定的词语完成句子：

1. 这场雨连续下了三天，________________________。(总算)
2. 请同学们作好下一课的预习，____________________。(以便)
3. 这件事，你一定要向大家解释清楚，__________________。(以免)
4. 既然这种产品已经不适合社会要求，__________________。(果断)
5. 这次的招聘工作很重要，公司决定，________________。(由、负责)
6. 这次约会他又迟到了，________________________。(足足)
7. 我本来以为公司不会录用我的，可是，____。(出乎意料)

8. 明天要到南京去出差，我先打电话预订了机票，＿＿＿＿＿＿＿＿＿＿＿＿＿＿＿＿＿＿＿＿＿＿＿＿＿＿＿＿＿＿＿＿＿＿＿＿＿＿。（随后）
9. 明天就放假了，＿＿＿＿＿＿＿＿＿＿＿＿＿＿＿＿＿＿＿＿＿＿＿＿。（迫不及待）
10. 小李，王老师有急事找你，＿＿＿＿＿＿＿＿＿＿＿＿＿＿＿＿＿＿＿＿＿＿＿＿。（尽快）
11. 我刚才在听音乐，＿＿＿＿＿＿＿＿＿＿＿＿＿＿＿＿＿＿＿＿＿＿＿＿。（……着……着）

五、辨析括号里的词，选择合适的填空：

1. ＿＿＿＿ 她很不高兴，但还是答应了。（虽然、固然）
2. 法国菜 ＿＿＿＿ 好吃，但意大利饭也很可口。（虽然、固然）
3. ＿＿＿＿ 她不会为这样的事生气，但你这样做总有点儿不合适。（虽然、固然）
4. 这篇文章我 ＿＿＿＿ 写了三天。（足足、足够）
5. 这些钱 ＿＿＿＿ 我交一年的学费。（足足、足够）
6. 这次停电 ＿＿＿＿ 了三天。（延续、继续）
7. 她走后，我 ＿＿＿＿ 看我的书。（延续、继续）

六、用指定的词语完成对话：

1. 甲：大家都同意你的建议吗？
   乙：＿＿＿＿＿＿＿＿＿＿＿＿＿＿＿＿＿＿＿＿＿＿＿＿＿＿＿＿（出乎意料）
2. 甲：你为什么喜欢这个歌手呢？
   乙：＿＿＿＿＿＿＿＿＿＿＿＿＿＿＿＿＿＿＿＿＿＿＿＿＿＿＿＿（与众不同）
3. 甲：你认为，一个人的学历真的很重要吗？
   乙：＿＿＿＿＿＿＿＿＿＿＿＿＿＿＿＿＿＿＿＿＿＿＿＿＿＿＿＿（固然）
4. 甲：我觉得坐飞机去旅行是最好的，你觉得怎么样？
   乙：＿＿＿＿＿＿＿＿＿＿＿＿＿＿＿＿＿＿＿＿＿＿＿＿＿＿＿＿（固然）
5. 甲：喂，你怎么啦？刚才还在看电视，怎么就睡着了？
   乙：＿＿＿＿＿＿＿＿＿＿＿＿＿＿＿＿＿＿＿＿＿＿＿＿＿＿＿＿（……着……着）
6. 甲：这个假期你打算去旅行，还是回家看父母？决定了吗？
   乙：＿＿＿＿＿＿＿＿＿＿＿＿＿＿＿＿＿＿＿＿＿＿＿＿＿＿＿＿（很矛盾）
7. 甲：听说在城市里已经很少能见到黑白电视了，是吗？
   乙：＿＿＿＿＿＿＿＿＿＿＿＿＿＿＿＿＿＿＿＿＿＿＿＿＿＿＿＿（淘汰）
8. 甲：他本来在上海工作，是吗？
   乙：＿＿＿＿＿＿＿＿＿＿＿＿＿＿＿＿＿＿＿＿＿＿＿＿＿＿＿＿（由于……的需要）

七、用指定的书面语词语改写下面的句子：

1. 法国代表团于今天下午来到北京。（抵达）
2. 这项工作还没有完成。（尚、未）
3. 我国领导人明天将去欧洲访问。（赴）
4. 海边的景色很美，让人感到舒服。（令人、舒畅）
5. 来到大厦旁边，我又拿不定主意了。（踌躇）

八、根据课文内容判断下面的句子是否正确，并用课文中的句子说明理由：

1. 1999 年 11 月，我毕业了，就走上了去深圳的打工之路。
2. 面试的时间很长，考试内容的范围也很广。
3. 面试之后，我休息了一天才开始工作。
4. 公司老板在上海与两家公司代表的商谈都进行得很顺利。
5. 作者认为，在应聘中，简历很重要，但自己的特点更重要。

九、排列句子顺序，组成语段：

1. a. 以免上当受骗
   b. 作了充分的调查研究
   c. 经理非常谨慎
   d. 公司计划做的这笔生意数额很大

2. a. 以便向大家作一个明确的解释
   b. 请你把事情发生的原因和经过
   c. 争取得到大家的谅解
   d. 详细地写下来

3. a. 经过大家的努力
   b. 总算解决了
   c. 这个使大家困惑了几年的问题
   d. 大家心里轻松了许多

4. a. 以便使今后的工作开展得更好
   b. 请大家及时总结经验
   c. 这一段时间的工作进行得很顺利
   d. 许多问题得到了解决

5. a. 可住在市内也有好处
   b. 住在郊区固然很好
   c. 空气新鲜，风景宜人
   d. 可以节省上下班时间
   e. 所以说，二者皆有长处

十、写一写、说一说你曾经有过的打工经历。可以选用下面的词：

招聘　应聘　录用　面试　启事　竞争　汇报　自信心　着手

十一、用下列常用词语造句：

1. 足足
2. 果断
3. 尽快
4. 和谐
5. 汇报

十二、根据下面的招聘启事，写一封求职信以及一份自己的简历。

招聘启事

本公司拟招英语翻译两名，韩语翻译一名，日语翻译一名。具体要求：大学本科毕业，汉语流利，能熟练使用计算机，善于与人交流，有一年以上工作经验。申请者请交简历一份、照片两张。

兴华贸易公司

2005年3月9日

阅读课文

被自己淘汰

朋友最近反复对我说起赛车，让我莫名其妙。我问他为什么老说赛车，他说，要不是在赛车比赛中被淘汰，他已经是一家大公司的总裁助理了。我还是莫名其妙，他只好把故事完整地讲给我听。

原来我的这位朋友在一所名牌大学进修工商管理专业，曾参加过一次有名的专业论文竞赛。他的论文被企业界的成功人士看好，一家大公司的总裁亲自点名让他参加该公司一年一度的职位竞选。我的朋友看完了该公司的简介以及空缺的职位介绍后，决定竞争总裁助理一职。

面试答辩等一些程序全部完毕以后，我的朋友和另外四个对手进入了最后的决赛。决赛分两个步骤：第一步是安排上任第一天的工作。我的朋友曾做过公司管理工作，他以完善的计划和独到的思维获得了很高的评价，结果他和另一位年轻选手胜出。第二步考查的竟是赛车，这完全出乎我朋友的意料，在拿到那把车钥匙之前他完全想不到会有这样的考试内容。我朋友的车技不错，比赛开始没多久，他就把那位对手甩在了后面，但不幸的是他们在路上遇到了交通堵塞。朋友在一排长长的车龙后面等了一会儿，看到对手的车也追了上来。为了能尽快超过对手，他看了看地图，然后把车调头去走另外一条路。最终，那位对手耐心地等到了堵车结束，而我的朋友因为走得太远了，当他到达目的地时，对手正在那里朝他挥手。就这样，他被淘汰了。

公司的总裁对他说："你的性格在开车时已经表现出来了。如果一个人能在交通堵塞时耐心地等待，那么他在工作中即使遇到危机，也能理性地解决。自我控制与有原则这两种素质对于总裁助理尤为重要。希望你能明白失败的原因。"

我对他说，原来你是被那个公司淘汰了。他严肃地对我说："其实，我不是被那个公司淘汰了，而是被自己淘汰了。"我仔细地想了想，觉得他说的有道理。

第四课

沙漠中的饭店

我的先生很可惜是一个外国人。这样来称呼自己的先生不免有排外[1]的味道，但是因为语言和风俗在各国之间确有大不相同之处，所以我们的婚姻生活也实在有许多无法共通[2]的地方。

当初决定嫁给荷西时，我明白地告诉他，我们不但国籍不同，个性[3]也不相同，将来婚后可能会吵架甚至于打架。他却这样回答我："我知道你性情不好，心地[4]却是很好的，吵架打架都可能发生，不过我们还是要结婚。"于是我们认识了七年之后终于结婚了。

我不是妇女运动的支持者，但是我极不愿在婚后失去独立的人格和内心的自由自在，所以我一再强调，婚后还是"我行我素[5]"，要不就不结婚。荷西当时对我说："我就是要'你行你素'，如果你失去了你的个性和作风，我何必娶你呢！"好，大丈夫的论调[6]，让我十分安慰。做荷西的太太，语言上将就[7]他，可怜的外国人，"人"和"入"这两个字教了那么多遍，他还是分不清楚，所以我只有讲他的话，这件事总算放了他一马[8]。但是将来孩子来了，打死也要学中文，这点他相当赞成。

闲话不说，做家庭主妇，第一便是下厨房。我一向对做家事十分痛恨[9]，但对做菜却是十分感兴趣，几个洋葱，几片肉，一炒变出一个菜来，我很欣赏这种艺术。

母亲在台湾，知道我婚后因为荷西工作的关系，要到非洲的大荒漠地区去，十二分地心疼。但是因为钱是荷西赚，我只有跟着饭票走，毫无选择的余地[10]。婚后开厨不久，我们吃的全是西菜。后来家中航空包裹飞来接济[11]，我收到大批粉丝、紫菜、冬菇、生力面、肉干等珍贵食品，我乐得爱不释手[12]，加上欧洲女友寄来的罐头酱油，我的家庭"中国饭店"马上就开张了，可惜食客只有一个不付钱的。（后来上门来要吃的可是排长龙啊！）

其实母亲寄来的东西，要开"中国饭店"实在是不够，好在荷西没有去过台湾，他看我这个"大厨"神气活现[13]，对我也就生起信心来了。

第一道菜是“粉丝煮鸡汤”。荷西下班回来总是大叫：“快开饭啊，要饿死了！”白白被他爱了那么多年，回来只知道叫开饭，对太太却是正眼也不瞧一下，我这“黄脸婆”倒是做得放心。话说第一道菜是粉丝煮鸡汤，他喝了一口问我：“咦[14]，什么东西？中国细面吗？”“你岳母[15]万里迢迢[16]给你寄细面来？不是的。”“是什么吗？再给一点儿，很好吃。”我用筷子挑[17]起一根粉丝：“这个啊，叫作‘雨’。”“雨？”他一呆。我说过，我个性自由自在，说话自然心血来潮[18]，随我高兴。“这个啊，是春天下的第一场雨，下在高山上，被一根一根地冻住了，山胞[19]扎好了背到山下来，一束一束地卖了换米酒喝，不容易买到哦！”荷西还是呆呆的，研究性地看了看我，又去看了看盆里的“雨”，然后说：“你当我是白痴[20]？”我不置可否[21]。“你还要不要？”回答说：“吹牛大王，我还要。”以后他常吃“春雨”，到现在还不知道是什么东西做的。有时想想荷西很笨，所以心里有点儿悲伤。

第二次吃粉丝是做“蚂蚁上树”，将粉丝在平底锅一炸，再撒上绞[22]碎了的肉和汁。荷西下班回来一向是饿的，咬了一大口粉丝：“什么东西？好像是白色的毛线，又好像是塑胶[23]线？”“都不是，是你钓鱼的那种尼龙线，中国人加工后变成白白软软的了。”我回答他。他又吃了一口，莞尔一笑[24]，口里说着：“怪名堂[25]真多，如果我们真开饭店，这个菜可以卖个好价钱，乖乖[26]！”那天他吃了好多“尼龙加工白线”。第三次吃粉丝，是夹在东北人的“合子饼”内与菠菜和肉绞得很碎地当饼馅儿[27]。他说：“这个小饼里面你撒了鲨鱼[28]的翅膀对不对？我听说这东西很贵，难怪你只放了一点点。”我笑得躺在地上。“以后这种很贵的鱼翅膀，请妈妈不要买了，我要去信谢谢妈妈。”我大乐，回答他：“快去写，我来译信，哈哈！”

有一天他快下班了，我趁他忘了看肉干，赶快将藏好的肉干用剪刀剪成小小的方块儿，放在瓶子里，然后藏在毯子里面。恰好他那天鼻子不通，睡觉时要用毛毯。我一时忘了我的宝贝，在一旁看那第一千遍的《水浒传》①。他躺在床上，手里拿个瓶子，左看右看，我一抬头，哟，不得了[29]，“所罗门王②宝藏[30]”被他发现了，赶快去抢，口里叫着：“这不是你吃的，是药，是中药。”“我鼻子不通，只好吃中药。”他早塞了一大把放在口中，我气极了，又不能叫他吐出来，只好不出声了。“怪甜的，是什么？”我没好气[31]地回答他：“喉片，给咳嗽的人顺喉头[32]的。”“肉做的喉片？我是白痴啊？”第二天醒来，发现他偷了大半瓶去送给同事们吃，从那天起，只要是他的同事，看见我都假装咳嗽，想再骗肉干吃。

反正夫妇生活总是在吃饭，其他时间便是去忙着赚吃饭的钱，实在没多大意思。有天我做了饭卷，就是日本人的“寿司[33]”，用紫菜包饭，里面放一些维他肉松[34]。荷西这一下拒吃了。“什么？你居然给我吃印蓝纸、复写纸？”我慢慢问他：“你真不吃？”“不吃，不吃。”好，我大乐，吃了一大堆饭卷。“张开口来我看！”他命令我。“你看，没有蓝色，我是用反面复写纸卷的，不会染到口里去。”反正平时说的是唬[35]人的话，所以常常胡说八道[36]。“你是吹牛大王，虚虚实实[37]的，我真讨厌你。从实招来[38]，是什么吗？”“你对中国完全不了解，我对我的先生相当失望！”我回答他，又吃了一个饭卷。他生气了，用筷子一夹夹了一个，面部大有壮士一去不复返③的悲壮[39]表情，咬了半天才吞下去。“对了，是海苔。”我跳起来，大叫：“对了，对了，真聪明！”还要跳时，头上吃了他一记老大爆栗子[40]。

中国东西快吃完了，我的“中国饭店”也舍不得出菜了，西菜便又开始上桌。荷西下班回来，看见我居然在做牛排，很意外，但又很高兴，大叫：“要半生的，马铃薯也炸了吗？”连着给他吃了三天牛排，他却好像没了胃口，切一块就不吃了。“是不是工作太累了？要不要去睡一会儿再起来吃？”“黄脸婆”有时也温柔。“不是生病，是吃得不好。”我一听，忽地跳起来：“吃得不好？吃得不好？你知不知道牛排多少钱一斤？”“不是的，太太，想吃‘雨’，还是岳母寄来的菜好吃。”“好啦，中国饭店一星期开张两次，如何？你要多长时间下一次雨？”

有一天荷西回来对我说：“了不得[41]啦，今天大老板把我叫去了。”“加你的薪水？”我眼睛一亮。“不是……”我一把抓住他，指甲掐[42]到他肉里去了。“不是？完了，你给开除[43]了？天啊，我们……”“别抓我嘛，神经兮兮[44]的，你听我讲，大老板说，我们公司谁都被请到我们家来吃过饭，就只有他们夫妇没被请过，所以他在等你请他吃中国菜……”“大老板要我做菜？不干不干，不请他。请同事工友我都乐意，但请上司吃饭未免太没骨气[45]，我这个人啊，还讲些气节[46]。你知道，我……”我正要大大宣扬[47]中国人的所谓骨气，但一时又讲不明白，再一接触到荷西的面部表情，这个骨气只好梗[48]在喉咙里啦。

第二日他问我：“喂，我们有没有笋[49]？”“家里筷子那么多，不都是笋吗？”他白[50]了我一眼：“大老板说明天要吃笋片炒冬菇。”乖乖，真是个见过世面[51]的老板，不要小看外国人。“好，明天晚上请他们夫妇来吃饭，没问题，笋会长出来的。”荷西含情脉脉[52]地望了我一眼，婚后他第一次如情人一样地望着我，使我受宠若惊[53]，不巧那天我辫子飞散，状如女鬼。

第二天晚上，我先做好三道菜，用文火[54]热着，布置了有蜡炬[55]台的桌子，桌上铺了白色的桌布，又加了一块红的铺成斜角，十分漂亮。这一顿饭吃得宾主尽欢[56]，不但菜是色、香、味俱全，而且我这个太太也打扮得十分干净，居然还穿了长裙子。饭后老板夫妇上车时，老板特别对我说："如果公共关系室将来有缺，希望你也来参加工作，做公司的一分子[57]。"我眼睛一亮！这都是"笋片炒冬菇"的功劳[58]。

送走老板，夜已经深了。我赶快脱下长裙，换上破牛仔裤，头发用橡皮筋[59]一绑，大力洗碗洗盘，重做灰姑娘[60]状使我身心自由。荷西十分满意，在我背后问："喂，这个'笋片炒冬菇'真好吃，你哪里弄来的笋？"我一面洗碗，一面问他："什么笋？""今天晚上做的笋片啊！"我哈哈大笑："哦，你是说小黄瓜炒冬菇吗？""什么？你，你，你骗了我不算，还敢去骗老板……""我没骗他，这是他一生中吃到的最好的一次'嫩笋炒冬菇'，这是他自己说的。"荷西将我一把抱起来，肥皂水洒了他一头和一胡子，口里大叫："万岁，万岁，你是那只猴子，那只七十二变的，叫什么，什么……"我拍了一下他的头："齐天大圣孙悟空④，这次不要忘了。"

（选自《撒哈拉的故事》，作者三毛，有改动）

注　释

①《水浒传》

我国最有名的古典小说之一，作者施耐庵。

② 所罗门王

古代以色列王国的国王（公元前10世纪）。传说他有很高的智慧。

③ 壮士一去不复返

出自一句很有名的古诗，原句为"壮士一去兮不复还"。意思是：决心为国牺牲的战士已经作好了思想准备，打算为了国家的利益战死在战场，不再回家了。这里比喻荷西鼓起了很大的勇气才敢吃这种自己从未吃过的食物。

④ 齐天大圣孙悟空

古典小说《西游记》中的主人公，"齐天大圣"是天上的玉皇大帝赐给孙悟空的名号。

生　词

1. 排外	（动）	páiwài	对外国、外地或本党派、本集团以外的人采取不欢迎的态度。

2. 共通	（形）	gòngtōng	大家都具有的，与各方面都相通的。	
3. 个性	（名）	gèxìng	个人特有的气质、兴趣、性格等心理特征的总和。	丙
4. 心地	（名）	xīndì	人的内心。	
5. 我行我素		wǒ xíng wǒ sù	按照自己过去的习惯和愿望做事，不管别人怎么看。	
6. 论调	（名）	lùndiào	观点（含贬义）。	
7. 将就	（动）	jiāngjiu	勉强适应不太满意的环境或事物。	
8. 放他一马		fàng tā yì mǎ	让某人一步，暂时不再让他为难。	
9. 痛恨	（动）	tònghèn	非常讨厌，非常憎恨。	丁
10. 余地	（名）	yúdì	指语言或行动中可以进退、商量的空间。	
11. 接济	（动）	jiējì	在物质、金钱上帮助。	
12. 爱不释手		ài bú shì shǒu	非常喜欢，不舍得放下。	
13. 神气活现		shénqì huóxiàn	很得意、骄傲的样子。	
14. 咦	（叹）	yí	表示惊异。	
15. 岳母	（名）	yuèmǔ	妻子的母亲。	
16. 迢迢	（形）	tiáotiáo	形容很远。	
17. 挑	（动）	tiǎo	用细长物的一端把东西提起。	丁
18. 心血来潮		xīnxuè lái cháo	由于一时的激动或兴奋而突然产生的想法。	
19. 山胞	（名）	shānbāo	台湾人对高山族人的称呼。	
20. 白痴	（名）	báichī	笨人，不聪明的人。	
21. 不置可否		bú zhì kě fǒu	不说是，也不说不是。	
22. 绞	（动）	jiǎo	用有刀具装置的机器切碎。	丁
23. 塑胶	（名）	sùjiāo	塑料。	
24. 莞尔一笑		wǎn'ěr yí xiào	微笑。	
25. 名堂	（名）	míngtang	本文表示花样、名目。	
26. 乖乖	（叹）	guāiguai	本文表示惊叹。	
27. 馅儿	（名）	xiànr	包在面食、点心里面的糖、肉、菜等。	丁
28. 鲨鱼	（名）	shāyú	生活在海里的一种凶猛的大鱼。	
29. 不得了	（形）	bùdéliǎo	表示出问题了，事态严重了。也表示程度深。	乙
30. 宝藏	（名）	bǎozàng	比喻宝贵的东西。	
31. 没好气		méi hǎo qì	不耐烦，态度不好。	
32. 喉头	（名）	hóutóu	喉咙，咽喉，位于口腔的后部。	
33. 寿司	（名）	shòusī	一种食品，用紫菜包着米饭做成。	

34. 维他肉松		wéitā ròusōng	用瘦肉加工制成并加入维生素的绒形的、细碎的食品。	
35. 唬	（动）	hǔ	吓。	
36. 胡说八道		hú shuō bā dào	没有根据地乱说。	
37. 虚虚实实		xūxūshíshí	有的是假的，有的是真的；又像真的又像假的。	
38. 从实招来		cóngshí zhāo lái	按照实际情况说明。	
39. 悲壮	（形）	bēizhuàng	悲哀而雄壮。	
40. 爆栗子	（名）	bàolìzi	本文指把手指弯曲起来敲人的头。	
41. 了不得	（形）	liǎobudé	本文表示问题严重了，同"不得了"。也表示超过一般。	
42. 掐	（动）	qiā	用手指夹住或用指甲把东西弄断。	丁
43. 开除	（动）	kāichú	把不合格的除名，使离开（学校、机关等部门）。	丙
44. 神经兮兮		shénjīng xīxī	指过于紧张、敏感的样子。	
45. 骨气	（名）	gǔqì	不屈服、不向有权的人讨好的精神。	
46. 气节	（名）	qìjié	坚持正义、不向强权低头的品质。	
47. 宣扬	（动）	xuānyáng	广泛宣传。	丁
48. 梗	（动）	gěng	阻塞、堵塞。	丁
49. 笋	（名）	sǔn	竹子的嫩芽。	
50. 白（了一眼）	（动）	bái	斜着眼睛不高兴地看。	
51. 见世面		jiàn shìmian	到社会上去经历各种事情。	
52. 含情脉脉		hán qíng mòmò	感情很深的样子。	
53. 受宠若惊		shòu chǒng ruò jīng	因得到宠爱而吃惊和不安。	
54. 文火	（名）	wénhuǒ	很小的火。	
55. 蜡炬	（名）	làjù	蜡烛，用来照明。	
56. 宾主尽欢		bīn zhǔ jìn huān	客人和主人都很高兴。	
57. 分子	（名）	fènzǐ	一个成员。	丙
58. 功劳	（名）	gōngláo	起的重要作用，功绩。	丙
59. 橡皮筋	（名）	xiàngpíjīn	橡胶制品，具有伸缩性的、用来捆东西的线圈。	
60. 灰姑娘	（名）	huīgūniang	欧洲童话故事中的主人公，比喻在家庭中常做家务活儿的年轻女子。	

专　名

荷西　　Héxī　　人名。

词语、句式例释

1. 这样来称呼自己的先生不免有排外的味道。（与"难免"比较）

"不免"是副词，常用于表示由于某种原因而导致很难避免的非理想结果。

"不免"后面一般只能跟肯定式的多音节形容词、动词，全句语气比较委婉。而"难免"后面可以是一个否定式，如"这样做，难免不受欢迎"；"难免"还可以用在名词前，如"难免的结果"。

(1)我对这里的路不太熟悉，不免会走错路。

(2)听了他的故事，我心里不免有点儿难过。

(3)第一次参加这样的考试，我不免有些紧张。

(4)对刚刚开始工作的你来说，做这个项目不免会遇到一点儿困难。

(5)居住环境的变化，对父亲的心情不免会产生一些影响。

2. 我一向对做家事十分痛恨，但对做菜却是十分感兴趣。（与"一直"比较）

"一向"是副词，表示某种行为、情况、状态从过去到说话时一直是这样，保持不变，和"一直"相近。但"一直"可以用于说明一个明确的时间，如"昨天他一直没出家门"，另外也可以用于表示某情况将延续到将来的某一时间，如"会议昨天开始，一直开到月底"。"一向"只强调过去很长时间总是如此，没有改变。如：

(1)我爷爷身体一向很好。

(2)他一向很耐心的，可是今天好像有点儿急躁。

(3)我们几个孩子一向都很尊重父亲，有什么事都听听他老人家的意见。

(4)你一向不太喜欢打排球的，今天怎么打起排球来了？

(5)我们家里的气氛一向很民主。

3. 几个洋葱，几片肉，一炒变出一个菜来。（"一＋动，结果"）

"一"用在动词短语前面，构成"一＋动，结果"句式，表示经过某一短暂的动作就得出某种结果，中间可以有停顿。这种句子的后半部分的"结果"意味比较强，可以不用"就"，但有其他副词。如：

(1)我一说出来你肯定生气。

(2)医生一检查，果然是肺炎。

(3)他把信一打开，马上都明白了。

(4)我一紧张，脑子里的词语都忘记了。

(5)妈妈的手一颤抖，碗里的水全洒出来了。

4. 母亲在台湾，知道我婚后因为荷西工作的关系，要到非洲的大荒漠地区去，十二分地心疼。

“因为（由于）……的关系”用于说明原因或条件。如：

（1）因为家庭经济的关系，我不得不退学了。

（2）因为孩子上学的关系，我得借一点儿钱。

（3）由于时间关系，今天我们讨论到这儿。

（4）由于资金不足的关系，这项工作暂时停止。

（5）由于天气的关系，我们把出差计划向后推迟十天。

5. a. 荷西下班回来一向是饿的，咬了一大口粉丝。

b. 他早塞了一大把放在口中。

汉语的数词和量词之间，可以加进形容词“大、小”，以强调数量大或数量小。如：

（1）他今天只吃了一小片面包。

（2）我渴极了，喝了两大杯水。

（3）为了买房子，老王借了一大笔钱。

（4）她给孩子塞了一大把巧克力。

（5）他一人就吃了三大块蛋糕。

6. 我一抬头，哟，不得了，“所罗门王宝藏”被他发现了。（与“了不得”比）

“不得了”在这里表示不好的事情发生了，或问题严重了。如：

（1）呀，不得了，我的电脑出问题了。

（2）不得了啦，厨房着火了。

（3）这件事让爸爸知道就不得了啦。

（4）身份证和银行卡都丢了？这可不得了，赶紧去银行挂失。

“不得了”还可以表示程度高。如：

（5）他高兴得不得了。

（6）今年夏天热得不得了。

（7）这孩子困得不得了了，你快带他去睡吧。

“了不得”也有上面的用法。另外，“了不得”还可以表示“超过一般，非常突出”，如：“这个孩子真了不得，一下子能记住这么多单词。”“不得了”不能表示这种意思。

练　习

一、给括号前面的字注音：

藏（　　）起来	绞（　　）碎	舍（　　）不得	咳嗽（　　）
宝藏（　　）	学校（　　）	宿舍（　　）	嫩（　　）笋

二、填上合适的量词：

一(　　)雪　　一(　　)粉丝　　一(　　)热菜　　一(　　)复写纸
一(　　)汤　　一(　　)饭　　一(　　)牛排　　一(　　)桌布

三、成语填空，并选用其中合适的改写下面的句子：

莞尔一(　　)　　爱不(　　)手　　含情(　　)(　　)　　受(　　)若惊
胡说八(　　)　　心(　　)来潮　　万里(　　)(　　)　　我行我(　　)

1. 这本书真是太好了，我真的非常喜欢，拿在手里看也看不够。
2. 我的朋友从很远很远的地方特意来看我。
3. 平时他连看都不想看我，今天怎么主动跟我说话呢？我很吃惊。
4. 说话一定要有根据，不能随便说。
5. 他不管别人怎么想，自己想干什么就干什么。

四、用适当的词语完成下面的句子：

1. 我用筷子一夹，________________________________。
2. 他一不小心，________________________________。
3. 他到我房间一聊，________________________________。
4. 我把书往桌上一放，________________________________。
5. 我累坏了，往床上一躺，________________________________。

五、辨析括号里的词，选择合适的填空：

1. 他不愿意去就算了，你 ________ 为难他呢！（何必、不免）
2. 平时学习不认真，考试 ________ 不及格。（难免、不免）
3. 我感冒了，这几天 ________ 吃感冒药。（一向、一直、从来）
4. 他是个很实在的人，做事 ________ 很认真。（一向、一直、从来）
5. 我 ________ 没去过那么高级的饭店吃饭。（一向、一直、从来）
6. 我觉得这种 ________ 非常正确，我十分赞成。（观点、论调）
7. 这种 ________ 一点儿道理也没有。（观点、论调）

六、用指定的词语完成对话：

1. 甲：你这次考试考得怎么样？

乙：________________________________（居然）

2. 甲：他连这么简单的问题也不懂，简直是个白痴！

乙：________________________________（未免）

3. 甲：在北京生活，一个月大概得花多少钱？

乙：________________________________（包括）

4. 甲：上星期她收到家信，说她母亲病了。

乙：________________________________（难怪）

5. 甲：我真担心这次考试考不好。

乙：________________________________（一向）

6. 甲：这个房间又小，光线又不好。

乙：________________________________（将就）

7. 甲：汉语和你们民族的语言有什么不同？

乙：__________________________（不但……，……也……）

8. 甲：如果让你去哈尔滨工作半年，你同意吗？

乙：________________________________（乐意）

9. 甲：那件事，我想告诉父母，可是又怕他们担心，你说该怎么办？

乙：________________________________（何必）

10. 甲：你们班的节目表演得真不错，你费了不少心吧？

乙：________________________________（功劳）

11. 甲：你那个工作不是挺好的吗，怎么你又不干了？

乙：____________________________（因为……的关系）

12. 甲：小王，你来看看，我的电脑怎么了？

乙：_______________________________（不得了）

七、排列句子顺序，组成语段：

1. a. 甚至于打架
   b. 婚后可能会吵架
   c. 个性也不相同
   d. 我们不但生活习惯不同
   e. 当初我就明白地告诉他

2. a. 婚后我还是要“我行我素”
   b. 要不然不结婚
   c. 所以我一再强调
   d. 我极不愿意在婚后失去独立的人格
   e. 这一点荷西非常赞成

3. a. 虽然我已经有思想准备
   b. 眼泪止不住地掉下来
   c. 心里不免有点儿伤心
   d. 但是看到父亲这么瘦弱

4. a. 我对她了解得还很少
   b. 因为交往时间太短的关系
   c. 汉语说得比较流利
   d. 只知道她是个越南华侨

5. a. 完全忘记了时间
   b. 他们俩坐下就一边吃一边聊
   c. 一聊就是三个小时
   d. 因为很久没见面
   e. 好像有说不完的话

八、选择合适的词语填空：

（接济、咦、不得了、左、右、爱不释手、何必、大批、开张、世面、掐、心疼、宝藏、给、当、连、小看）

1. 妈妈从台湾寄来（　　　）中国食品，我乐得（　　　），加上女友从欧洲寄来的罐头酱油，我的家庭"中国饭店"马上就（　　　）了。
2. 我一把抓住荷西，指甲（　　　）到他的肉里去了："不是加薪？完了，你（　　　）开除了！"
3. 如果你失去了你原来的个性和风格，我（　　　）娶你呢！
4. 乖乖，这真是个见过（　　　）的老板，竟然知道要吃"笋片炒冬菇"，我们真不能（　　　）外国人。
5. 荷西躺在床上，手里拿个瓶子，（　　　）看（　　　）看，我一抬头，哟，（　　　），"所罗门王的（　　　）"被发现了！
6. 那时，我还没有工作，生活比较困难，父母非常（　　　）我，常常给我寄钱寄物（　　　）我。
7. 你别骗我了，你以为我（　　　）这个都不懂？你（　　　）我是三岁小孩儿？
8. （　　　），我的书哪儿去了？刚才还在这里的。

九、用下列常用词语造句：

1. 一向
2. 甚至于
3. 开除
4. 功劳
5. 爱不释手

十、写一写、说一说你对跨国婚姻的看法。

阅读课文

一对异国夫妻

记者：当初你们的缘分是怎么开始的呢？

丈夫：在一次聚会上，我第一次见到了她，我第一眼见到她就觉得有缘分。

妻子：是啊，就是在那次聚会上，我吃了一顿他和他哥们儿做的西餐。

丈夫：如今我们结婚十年了，大女儿七岁，小女儿四岁了。十年来我的一个突出感觉就是我的中国妻子从来不认错，有时我想，是不是东方人都这样？我们德国人从小受到的教育是做错了事要道歉，不管是在家里还是在外面。道歉并不丢面子呀，你可能也看到了德国前总理在访问波兰时，在犹太人的墓地前下跪（guì）的照片，我们德国人做错了，就敢于认错、道歉。

妻子：在家里有必要正经八百地道歉吗？事情过去了不就得了？

丈夫：你看，这就是她的态度。

妻子：说真的，德国人做的事有些我也不习惯。还记得那年的圣诞节吗？我们带着孩子专程去看你父母，坐了好几个小时的火车。要知道，在西方，对大多数国家来说，圣诞节是最重要的节日，就像中国的春节一样。圣诞夜吃晚餐时，婆婆端上一道汤和牛肉，我想，其他菜很快就会上来，可是等啊等啊，再没有别的了。最后婆婆说："就这些了，你爸爸正减肥呢。"你看，为了全家团圆我们大老远地跑来，吃的就是这个，你说这事在中国可能吗？

丈夫：可当时我父亲正在减肥，我们不好破坏他的减肥计划呀，这不对吗？

妻子：说到计划，德国人可真是事事讲计划。上次我们从北京回德国，经过巴黎时，我就想在巴黎停两天，参观一下，可他却说，我们的计划是直接回家，就应该按计划做。

丈夫：你不觉得这是一种美德吗？

记者：我看，你们之间，一定有很多可以互相学习、互相补充的地方。

（节选自《北京青年报》2001年4月12日）

第五课

走上自首[1]之路

一

事情是这样的：去年，杭州《都市快报》把29位记者的照片及联系方式分批[2]在报上刊登[3]出来，并附[4]上每位记者的一句话。其中一位负责读者热线[5]的女记者叫程洁，才23岁。她写道："我叫程洁，今年23岁，毕业于浙江大学中文系。如果你有什么高兴的事、烦恼的事愿意跟我说说，给我打电话吧。"

记者们的承诺[6]在报上登出来后，电话铃声响个不停，以至于[7]记者们忙得团团转。一天下午，一封信封上写着"程洁收，非程洁本人勿[8]拆"的匿名[9]信放到了程洁桌上。程洁拆开信一看，吓了一大跳。原来寄信人竟是一个曾经持[10]枪抢劫[11]的人。他说，他逃到外地两年了，想去自首，可是又担心自己罪行[12]严重。他想通过程洁，了解自己这样的罪行究竟会判[13]多少年徒刑[14]。来信者要求程洁务必[15]三天内在报上给予答复。信封上的邮戳[16]表明，信来自浙江温岭。程洁感到事情重大，马上向上级汇报了此事。上级决定让程洁以在报上回信的方式，与这位来信者沟通，并把浙江省公安厅的答复转告他，劝他投案[17]自首。

接到上级的指示后，程洁感到自己责任重大。对一个正在人生十字路口徘徊的同龄人来说，自己所说的每一句话，做的每一件事，都有可能改变他的一生。两天后，一封程洁写给匿名信作者的回信刊登在《都市快报》上。信上写道："朋友，对你的情况，仅凭两张薄薄的信纸，我了解得并不多。但我知道你是我的同龄人，你给我写信，是出于[18]对我的信任，我愿意把你看作朋友。你说你走上这条路，是因为当初[19]太年轻，交友不慎[20]。你虽然年轻，但毕竟[21]成年[22]了，成年人该对自己的一言一行负责。你一走了之[23]，其实并不能真正解决问题，何况你有年迈[24]的父母，还有爱你的姐姐，他们正承受[25]着极大的压力，你怎么能不为他们想想呢？现在，受罪[26]的不仅仅是你，也牵连[27]到了你的家人。你已经错了一步，不能再错下去了。你的情况，我已向律师[28]和公安部门咨询[29]过了，但因对你的情况了解得不够详细，他们很难给你一个十分准确的判断。如果情况真如你信上所说，我相信，公安部门会作出公正[30]的判断，你投案自首一定会得到从宽[31]处理的，浪子[32]回头金不换啊①！我期待[33]着你的回信。”程洁还在信末附上了自己的电话号码。

二

复信登出去了，程洁一直焦急不安。一连[34]四五天，对方没有任何回音。是他没有看到报纸，还是他有了别的想法？直到第七天上午，程洁桌上的电话铃响起，程洁抓起电话，电话里传来一个年轻而陌生的声音：“我就是那个给你写信的人。”程洁看了看表，10点24分。她非常紧张，以至拿着电话的手都微微颤抖。她小心翼翼[35]地问：“你离我远吗？”“很远，而且不能告诉你我在哪里。从给你寄信的那天起，每天早上我都会跑到报摊儿[36]上去买份快报。没想到，你真的给我回信了。”“7天了，为什么这么久没有给我回信？”“我有很多顾虑[37]。”程洁试探[38]着问他的家人，问他的生活，对方的语气轻松了一点儿：“写那封信时我在温岭，那儿不是我的家，只是我路过的一个小镇[39]。两年来，我跑过很多地方，唯一[40]没有去过、也是最想去的地方就是我的家……”

打了8分钟，对方要挂电话了，程洁和他商量说，别急，再聊聊吧，持枪抢劫是重罪，但如果自首，会得到从轻处理。如果继续逃避，反倒[41]会受到更严厉的处罚[42]。对方被她真诚的语气感动了，忍不住告诉了她自己过去的经历及现在的心情。但当程洁再次劝他自首时，他却突然挂断了电话。这次谈话共持续[43]了33分钟。

以后的几天，神秘的写信人似乎又从地球上消失了。程洁每天都等着他的电话。一个多月后的一天傍晚，程洁在报社值班[44]，电话铃响了，程洁听到了那个熟悉的声音。“你在哪里？”“在温岭。”他没怎么犹豫就回答了，这次他似乎少了很多顾虑，还告诉她自己的呼机[45]号码。他说：“我害怕极了，春节就要到了，我想回家看看父母，可是我回去带给他们的只有恐惧[46]和不安。我想去自首，可是，我又害怕，如果我去自首，会被判死刑[47]吗？”

这次通话，程洁第一次知道了他的名字和家庭所在地[48]，他叫黄继伟。为了帮助这个同龄人，程洁打电话与有关部门的负责人取得了联系。逃犯家乡的公安局长向她详细叙述[49]了那件抢劫案[50]发生的经过。听说黄继伟有自首的愿望，他表示：持枪抢劫最低判有期徒刑10年，最高判无期徒刑[51]乃至[52]死刑，但如果投案自首，可以从宽处理。放下电话后，程洁马上和黄继伟取得联系。听了程洁的话，黄继伟在电话里沉默了一会儿说，他决定买当天晚上的火车票，第二天赶到杭州，与程洁面谈。

三

与一个罪犯[53]单独见面，对一个23岁的女记者来说，这意味着[54]选择了危险。整整[55]一夜，程洁躺在报社的沙发上不能入睡。她想到，作为一个生命随时可能受到威胁的逃犯，黄继伟的心理变化谁也无法预测[56]，一旦[57]他改变了主意，完全有可能采取危险的手段来保护自己。可是，不管会发生什么，她都要尽力帮助这个同龄人。这么一想，她的心情反倒平静下来了。

第二天一早，手机响了。程洁意识到[58]他终于来了。他跟程洁约定半小时后在一个小饭馆见面。程洁按时赶到，对方却十分谨慎[59]，迟迟未到。十分钟后，程洁的手机再次响起。对方将见面地点改到了马路对面的一个医院里。

7点40分，黄继伟终于出现了。程洁在描绘[60]第一次见到的黄继伟时说："这是一张年轻的面孔，但他的眼神告诉我，他还没有作出自首的决定，他内心还很矛盾，还想逃开。促使[61]他来这里赴约[62]的动机[63]，可能是他一时无法承受的恐惧心理，也可能仅仅是一种试探。他想信任我，可是他的特殊身份又不断地提醒他要警惕我。我没有再提他的经历，我知道这是个不堪[64]回首[65]的故事，不能再去触动[66]他的伤痕[67]。我所能做的，就是把自首和逃跑的两种结果，用最简单易懂的语言给他分析，使他明白，自首将是他和他的家人得以[68]解脱[69]的唯一途径[70]。"

程洁和她的这位"朋友"在医院附近的路上来来回回地走了一个半小时，他们的话题始终围绕[71]着该不该去自首。最后，黄继伟看着程洁期待的目光，心神不定[72]地说："让我再想想，下午四点我再给你打电话。"说完，他又消失在茫茫[73]的人海中，程洁虽然着急，但她能理解他，这对任何人来说，是很难作出的决定，何况，他还那么年轻。

回到报社，程洁再次与公安局取得联系。负责人告诉她，公安部门最近对所有逃犯发出通知，若是在春节前投案自首，定会得到宽大处理。程洁马上把这个消息告诉黄继伟，黄继伟只回答了一句话："我再想想。"半小时后，程洁再次呼他："无论考虑结果如何，务必给我答复。"

黄继伟四点半时终于打来了电话。在电话中他没说什么。程洁请他来报社吃晚饭，他答应了。

晚上六点多，程洁在报社门口第二次见到了这个年轻人。让她感动的是，见面时，黄继伟默默地递给她一盒感冒药，说今天看见她感冒了，心里很过意不去[74]。她感到，面前这位年轻人虽然犯过罪，但心灵中毕竟还有善良的光。我要让他及时回头，重新做人。她领着黄继伟走进了报社的餐厅。餐厅里人很多，黄继伟显得有点儿紧张，他左顾右看[75]，好像有人马上要过来抓他。程洁坐在他对面，不断地给他夹菜，自己也尽量轻松地吃饭。经过一个多小时的劝说[76]，黄继伟终于作出了去自首的决定。程洁还让他跟家人通电话，家里的亲人也劝他去自首。

晚上八点，黄继伟终于走进了公安局的大门，结束了他两年的流浪[77]生活。

（选自《北京青年报》2001年2月13日，作者万润龙，有改动）

注释

① **浪子回头金不换**

俗语。意思是：走上了邪路的人能知错悔改，是非常宝贵的。

生词

1.	自首	（动）	zìshǒu	犯罪的人主动向有关部门说出自己的犯罪事实。	
2.	分批		fēn pī	把总数划分成几个部分。如：分三批送去。	丁
3.	刊登	（动）	kāndēng	在报纸、刊物上发表出来。	丁
4.	附	（动）	fù	另外增加。	
5.	热线	（名）	rèxiàn	为及时联系而经常准备着的直线电话或其他联系方式。	
6.	承诺	（动、名）	chéngnuò	答应做某事；答应做某事的话。	
7.	以至于	（连）	yǐzhìyú	表示强调由于上文所说的动作、情况很深而产生了后面的结果；以至。	丁
8.	勿	（副）	wù	不要；别。用于书面。	丁
9.	匿名	（动）	nìmíng	不写名字。	
10.	持	（动）	chí	手拿着；握着。	
11.	抢劫	（动）	qiǎngjié	用暴力抢夺别人的财物。	丁
12.	罪行	（名）	zuìxíng	犯罪的行为。	丙
13.	判	（动）	pàn	法庭根据法律和犯罪人的行为作出处罚决定。	

14. 徒刑	（名）	túxíng	对犯罪人取消其自由、关在监狱里的处罚。	
15. 务必	（副）	wùbì	一定要。	丁
16. 邮戳	（名）	yóuchuō	邮局在邮件上盖的印章。	
17. 投案		tóu àn	主动到公安机关去说明犯罪情况。	
18. 出于	（动）	chūyú	从某种想法、观点出发，表示做某事的原因。	
19. 当初	（名）	dāngchū	指发生某种事情的时候；从前。	丙
20. 不慎	（形）	búshèn	不小心，不谨慎。	
21. 毕竟	（副）	bìjìng	到底；强调某种情况是一个事实，不管怎么样，不管出现什么新情况，这种事实也不能否定。	丙
22. 成年	（动）	chéngnián	到达成熟的年龄，指已满十八岁。	
23. 一走了之		yì zǒu liǎo zhī	用离开的办法来了结事情。	
24. 年迈	（形）	niánmài	年纪大了，年老了。	
25. 承受	（动）	chéngshòu	接受（有压力的事物）。	丁
26. 受罪		shòu zuì	受到折磨、痛苦。	
27. 牵连	（动）	qiānlián	使别人受到影响、损害。	
28. 律师	（名）	lǜshī	协助当事人办理有关法律事务的专业人员。	丁
29. 咨询	（动）	zīxún	询问、了解；征求意见。	丁
30. 公正	（形）	gōngzhèng	公平的，正直的。	
31. 从宽（处理）	（动）	cóngkuān	采取对犯罪人比较宽松的办法（来处理）。	
32. 浪子	（名）	làngzǐ	原指流浪的年轻人，现在也指走过错误道路的人。	
33. 期待	（动）	qīdài	期望，等待。	丁
34. 一连	（副）	yìlián	连续不断。	丙
35. 小心翼翼		xiǎoxīn yìyì	非常小心的样子。	
36. 摊儿	（名）	tānr	在路边摆设的售货处。	丙
37. 顾虑	（名、动）	gùlǜ	担心有不好后果的忧虑。	丁
38. 试探	（动）	shìtàn	以某些话语或方式来了解对方的态度、情况。	
39. 镇	（名）	zhèn	“县”下一级的行政区划单位。	丙
40. 唯一	（形）	wéiyī	只此一个，没有别的。	丁
41. 反倒	（副）	fǎndào	反而；表示产生与预料相反的结果。	丁
42. 处罚	（动）	chǔfá	惩罚犯错误、犯罪的人。	丁
43. 持续	（动）	chíxù	继续。	丁
44. 值班	（动）	zhíbān	几个人轮流工作，在规定的时间里轮到某人工作。	丁
45. 呼机	（名）	hūjī	一种通讯工具；BP 机。	
46. 恐惧	（形）	kǒngjù	非常害怕。	丁
47. 死刑	（名）	sǐxíng	剥夺犯人生命的刑罚。	丁
48. 所在地	（名）	suǒzàidì	所在的地区。	丙

49. 叙述	（动）	xùshù	说出或写出事情的经过。	丙
50. 案	（名）	àn	有关诉讼和违法的事件。	丁
51. 无期徒刑		wúqī túxíng	对犯人判处终生监禁的法律惩罚。	
52. 乃至	（连）	nǎizhì	连接几个同类事物中最极端的一项；甚至。	
53. 罪犯	（名）	zuìfàn	犯罪的人。	丁
54. 意味着	（动）	yìwèizhe	可以理解为；含有某种意思。	丙
55. 整整	（副）	zhěngzhěng	完全达到某个数量。	丁
56. 预测	（动）	yùcè	预先估计，预先猜测。	丁
57. 一旦	（副）	yídàn	如果有一天；如果……，就……	丁
58. 意识到	（动）	yìshidào	感觉到；认识到。	丙
59. 谨慎	（形）	jǐnshèn	很小心。	丙
60. 描绘	（动）	miáohuì	用语言文字把人物、事件等具体地表述出来。	丁
61. 促使	（动）	cùshǐ	推动，使某人做某事或使事物变化。	丙
62. 赴约		fù yuē	去（某地）和约好的人见面。	
63. 动机	（名）	dòngjī	做事的出发点或原因。	丙
64. 不堪	（动）	bùkān	（因不好、不愉快而）不能。	
65. 回首	（动）	huíshǒu	回忆过去。	
66. 触动	（动）	chùdòng	碰到；因某种刺激而引起。	
67. 伤痕	（名）	shānghén	物体受损害后留下的痕迹。	丁
68. 得以	（动）	déyǐ	可以；能够。	丁
69. 解脱	（动）	jiětuō	从困难中解救出来。	
70. 途径	（名）	tújìng	方法，道路。	丙
71. 围绕	（动）	wéirào	以某个地点、问题为中心。	乙
72. 心神不定		xīnshén búdìng	心里不安。	
73. 茫茫	（形）	mángmáng	没有边际看不清楚。	丁
74. 过意不去		guò yì bú qù	感到抱歉。	
75. 左顾右看		zuǒ gù yòu kàn	向周围看。	
76. 劝说	（动）	quànshuō	说服，劝。	丁
77. 流浪	（动）	liúlàng	离开家庭，到处走，没有固定的住处。	丁

专 名

杭州	Hángzhōu	地名，浙江省的省会。
浙江	Zhèjiāng	地名，我国东部的一个省。
温岭	Wēnlǐng	地名。
程洁	Chéng Jié	人名。
黄继伟	Huáng Jìwěi	人名。

词语、句式例释

1.《都市快报》把29位记者的照片及联系方式在报上刊登出来。

"出来"作为趋向补语的引申意义：表示动作完成并使一种新事物由无到有，如果动词后有名词宾语，经常放在"出"与"来"之间。如：

(1)那篇文章终于写出来了。

(2)你们一天之内能否把我的衣服做出来？

(3)他们必须把计划定出来。

(4)你们一定要想出办法来。

(5)我终于挤出时间来了。

2. 记者们的承诺在报上登出来后，电话铃声响个不停。（"个"作结构助词[1]）

"个"在上面的句子里是结构助词，用在动词后边，连接含有"不停"义的词语（如"不停""不住"等）充当的状态补语，与"得"的作用相似。注意：在这种结构里的"个"不能用"得"代替。如：

(1)他的话把大家逗得笑个不停。

(2)她们俩一见面就说个没完。

(3)他非常紧张，心里"怦怦"地跳个不住。

(4)你不要在这儿聊个没完没了。

3. a. 电话铃声响个不停，以至于记者们忙得团团转。

b. 她非常紧张，以至拿着电话的手都微微颤抖。

"以至于""以至"用法相同，都是连词，用在复句的后一分句开头。前一句说明一种原因或情况，后一句强调由于上文的动作、情况的程度很深而产生的结果。如：

(1)这几天天气变化太剧烈了，以至于许多人都感冒了。

(2)时代变化太快，以至很多人都感到要重新学习。

(3)她看书看得那么专心，以至于我走进来她都没发现。

(4)这电影实在太好了，以至连我这么不喜欢看电影的人都看了两遍。

4. 上级决定让程洁以在报上回信的方式，与这位来信者沟通。

介词"以"和名词结合，构成介宾短语，用在动词前，表示凭借、利用等意思，书面语色彩较浓。如：

(1)研究生复试以面试形式进行。

(2)她以朋友的身份劝他去自首。

(3)大家都要以实际行动来保护环境。

(4)他以这样的方式来欺骗别人，实在不算高明。

(5)这部电影以其独特的艺术特点，吸引了许多观众。

5. 你虽然年轻，但毕竟成年了，成年人该对自己的一言一行负责。（“毕竟”与“到底”比较）

“毕竟”是副词，用在动词或形容词前，强调其后的情况，说明这是一个事实，不管怎么样，不管出现什么新情况，这种事实是不能否定的。“到底”也有这样的用法，下面的例句都可以换用“到底”。但“到底”还可以用在疑问句中，表示对所问的问题要追根问底（如“你到底去不去？”）而“毕竟”不能用在疑问句中。如：

（1）我的汉语虽然比原来说得好多了，但毕竟还不够流利，我还要多练习。

（2）他虽然犯过错误，但他毕竟是个好人，不能因为他犯过错误就抛弃他。

（3）别灰心，你毕竟还年轻，这次机会虽然错过了，还会有很多机会。

（4）住在这里舒服是舒服，但毕竟不是自己的家呀。

（5）不管怎么说，我毕竟是你的女儿啊，你怎么能这样对我！

6. 一走了之，其实并不能真正解决问题，何况你有年迈的父母，还有爱你的姐姐，他们承受着极大的压力，还要为你担心。（与“况且”比较）

“何况”是连词，用在复句的后一分句的前面，说明进一层的理由，也可以用在反问句或带有反问语气的句子中。“况且”与“何况”的第一种用法相同，用于说明进一层的理由，但和“何况”不同的地方是，“况且”不用于反问句。下面是用“何况”的例句：

（1）你不要打孩子，打孩子是不对的，何况他已经这么大了。（可换用“况且”）

（2）我不去了，今天天气不好，何况我还有点儿不舒服。（可换用“况且”）

（3）你去大门外接他吧，这儿不好找，何况他是第一次到这儿来。（可换用“况且”）

（4）没关系，汉族人有时也会写错字，何况你这个少数民族学生呢？（不可换用“况且”）

（5）我连一万块钱都拿不出来，何况是十万块呢？（不可换用“况且”）

7. a. 如果继续逃避，反倒会受到更严厉的处罚。

b. 这么一想，她的心情反倒平静下来了。

“反倒”是副词，经常用于口语，在复句后一分句的谓语前，表示前一句所说的情况并没有产生预想的结果，而是产生与预想相反的结果，与“反而”的用法是一样的。

要注意，“反倒”的用法与“相反”不同，“相反”是形容词，可用在“和……相反”（如“和北京干燥的气候相反，这里很湿润”）的结构中，也可以独立使用（如“我不聪明，相反，我觉得自己还有点儿笨”）。“反倒”没有这些用法，要用在复句后一分句的谓语前。如：

（1）他吃了药，以为病会好起来，可是不但没好，反倒更严重了。

（2）我帮了她的忙，她应该感谢我，可她不但不感谢我，反倒对我发脾气。

（3）他住得比我远，按说应该比我晚到，可他反倒比我先到。

（4）父亲去世了，姐姐比我还难过，可她反倒安慰我。

（5）弟弟年纪小，反倒比哥哥成熟。

8. 与一个罪犯单独见面，这意味着选择危险。

“意味着”后面可加宾语，表示“可以理解为”“含有某种意思”。它前面的主语和后面的宾语大都是动词短语、主谓短语或形容词。“意味”不加“着”是名词。如：

（1）送玫瑰花意味着表达爱情。

（2）科学的发展意味着人类的进步。

(3)他们没有批评你,并不意味着你没有错。

(4)有人认为,成功就意味着拥有金钱。

练 习

一、熟读下面的词组,并且选择其中合适的改写下面的句子:

以这样的方式	忙得团团转	整整一夜	持续了半小时
以诚恳的态度	急得团团转	整整三年	持续了三天
以自己的努力		整整两万元	持续了几年
一连三星期	威胁别人	不堪回首	笑个不止
一连写了10页	受到威胁	不堪设想	说个没完
一连谈了两小时	不怕威胁	疲劳不堪	闹个没完没了

1. 他经过自己的努力,取得了这次成功。
2. 为了实现这个计划,大家连续工作了三星期,几乎没有休息过。
3. 对我来说,父亲去世的那段日子实在太难过了,我到现在也不愿意回忆那时候的情景。
4. 他们俩一星期才见一次面,见了面就有说不完的话。
5. 孩子这么晚没回家,父母都急得不知怎么办才好。
6. 到今天为止,我离开父母三年了,我没有一天不想念他们。
7. 屋子里突然没电了。停电的情况连续三天没有改变。

二、给下面的动词各加两个宾语:

犯 ______ ______　　警惕 ______ ______

得以 ______ ______　　汇报 ______ ______

给予 ______ ______　　期待 ______ ______

受到 ______ ______　　围绕 ______ ______

承受 ______ ______　　处罚 ______ ______

三、辨析括号里的词,选择合适的填空:

1. 我很喜欢喝牛奶,妹妹和我 ______ ,一点儿也不喜欢牛奶。(相反、反倒)
2. 秋天已经到了,天气该凉快点儿了,可是这几天 ______ 更热了。(相反、反倒)
3. 那场火灾烧毁了几百户居民的住房和财产,损失 ______ 。(重要、重大)
4. 这个会议要讨论公司下一步的工作计划,非常 ______ ,你不能缺席。(重要、重大)
5. 这个礼物 ______ 是谁送来的呢? 我无论如何猜不出来。(到底、毕竟)
6. 这个学校 ______ 有多少维族学生,我也不太清楚。(到底、毕竟)
7. 这件事不仅关系到你自己的前途, ______ 牵涉到你的家人。(而且、而)
8. 他知道自己犯的不是一般的罪, ______ 是很严重的罪。(而、何况)
9. 事情的原因即使我知道也不会告诉你, ______ 我并不知道呢?(何况、况且)

四、用指定的词语完成下面的句子：

1. 程洁说，如果你继续逃跑，受罪的不仅仅是你，____ ________________。（牵连）
2. ____，都要尽快给我一个答复。（无论）
3. 和一个逃犯单独见面，________________________________，________________________________ ________________。（对……来说，意味着）
4. 她拆开信一看，大吃了一惊，____。（原来）
5. 如果去公安局自首，会得到从宽处理；继续逃跑，____。（处罚，反倒）
6. 你虽然只有二十岁，________________________________，该对自己的一言一行负责。（毕竟）
7. 这么重的箱子，小伙子也拿不动，____。（何况）
8. 这样的事，即使是有经验的人也不容易处理好，____ ________________。（何况）
9. 他这次摔得太厉害了，____。（以至于）
10. 面试的时候，她非常紧张，____。（以至于）

五、根据课文内容，选择合适的介词填空：

（向、跟、凭、为、对、以）

1. 仅仅（　　　）这两张信纸，我对你的了解还很不够。
2. 上级让她（　　　）在报上回信的方式，与这位来信者沟通。
3. 你的父母已经老了，你怎么能不（　　　）他们想想呢？
4. 他决定第二天赶到杭州，（　　　）程洁面谈。
5. 公安局长（　　　）她详细叙述了那件抢劫案发生的经过。
6. 与这样的人单独见面，（　　　）她来说，是非常危险的。

六、选择合适的词语填空：

（分几批、附上、团团转、吓了一大跳、促使、一言一行、小心翼翼、不堪回首、始终围绕、意味着、过意不去、顾虑、持续、消失）

1. 黄继伟想去自首，但他又担心自己罪行严重，心里有很多（　　　）。
2. 母亲为了照顾我，已经累病了，我看见她疲倦的脸，心里真（　　　）。
3. 这两个国家之间的冲突已经（　　　）了十多年了。联合国为了（　　　）他们达成停战协议，已经作了很多努力。
4. 一个人犯了罪，并不就（　　　）他完全没有希望了。
5. 父亲病重的那些日子，对我来说，是一生中（　　　）的日子，我真不忍心再回想。
6. 黑暗中，一个人突然出现在我眼前，我（　　　）。
7. 弟弟晚上十二点还没回家，父母急得（　　　）。
8. 我在北京上学时买的书太多了，毕业前，我把这些书（　　　）寄回去。
9. 请把你的简历寄来，并（　　　）两张照片。

10. 作为一个国家领导人，他的（　　　　）都会引起新闻界的注意。
11. 老板对下面的工作人员很严格，他在公司的时候，大家都（　　　　）的，怕他生气。
12. 这次讨论（　　　　）着如何提高产品质量的问题进行。

七、用指定的书面语词语改写下面的句子：

1. 这个人曾经拿着枪抢别人的钱财。（持、抢劫）
2. 这种事情太令人痛苦了，是不能去回想的。（不堪、回首）
3. 我们准备和他们谈一谈。（与、交谈）
4. 她觉得应该跟父母说清楚，使自己从痛苦中解脱出来。（得以）
5. 请一定在规定的时间内完成这项工作。（务必）
6. 请不要在此吸烟。（勿）

八、排列句子顺序，组成语段：

1. a. 反倒增加了信心
   b. 工作上的这次失败
   c. 可是他不但没有灰心丧气
   d. 给他的打击很大

2. a. 进入考场开始考试后
   b. 反倒平静下来了
   c. 考试前他很紧张
   d. 但是由于认真作好了准备

3. a. 以至于最近被开除了
   b. 他工作上没有什么独立的见解
   c. 和同事的关系也处得不好
   d. 大家对他越来越不满意

4. a. 他的父母身体不太好
   b. 以至到现在还没结婚
   c. 弟弟妹妹还小
   d. 他一直在努力工作帮助家人

5. a. 何况这样的小事呢
   b. 市长今天非常忙
   c. 要主持几个重要的会议
   d. 一般的事我们都不随便打扰他

九、修改下面的句子：

1. 杂志社把他的文章刊登起来了。
2. 我想挤出来时间，学学钢琴。
3. 我帮助了他，反倒他生气了。
4. 我赞成你的意见，反倒他不赞成。
5. 无论明天天气不好，我都要去长城。

十、读读下面的词，注意容易读错的字和容易写错的字：

重新	处理	团团转	谨慎	持枪	威胁
重大	到处	转告	小镇	抢劫	协助

十一、用下列常用词语造句：

1. 反倒
2. 以至于

3. 沟通
4. 持续
5. 咨询

十二、辩论：

1. 该不该设立死刑？
2. 法律与教育，哪个对社会稳定更有作用？

阅读课文

死刑能不能废除

世界上许多国家都在法律上保留着死刑。有些专家认为，死刑的保留一直存在着矛盾的两个方面：一方面，死刑确实是在维护着社会的秩序和文明，代表了国家、人民的意志，代表了正义和公理；另一方面，它确实又是非常残忍的，尽管执行死刑的方式一直在变，但毕竟没能改变"以罪恶的手段惩罚罪恶"的逻辑。

其实，已存在于人类历史数千年之久的死刑，在不同的国家中已经有了不同的变化。有的废除了，有的保留着，执行死刑的方式也有了许多改变。这些情况都有着深刻的政治、历史、文化、宗教、社会等方面的原因。随着人类社会的进步，世界上大多数国家对待死刑的判决，都采取了更加谨慎的态度。如美国办理一项死刑案的法律程序，费用高达100至600万美元，程序也非常复杂。另外，对于死刑范围的规定及行刑的方式，世界上大多数国家也都朝着更加人道的方向进行改革，如最近几年越来越多的国家采用注射式死刑，在极短的时间内让犯人死亡，减少了对犯人肉体的折磨。

需要说明的是，废除死刑并不是讲人道、尊重人权、社会文明进步的唯一标志。因此，有的国家虽然认为自己已经很重视人权，但还是不得不保留死刑这种处罚形式；有的国家在已经废除了死刑之后，又回过头来，认为有必要引入死刑并扩大判死刑罪的范围。看来，在死刑的废除或保留问题上，法律专家们仍将继续争论下去。

（选自《北京青年报》2001年6月22日，作者凌子）

第六课

网络时代的爱情

不管是虚幻[1]的还是真实的，是认真的还是游戏的，网络[2]时代的恋情，不可否认地正悄悄走进我们的生活，互联网开始取代[3]月老[4]手中的红线，使许多还未曾[5]见面、甚至远隔千山万水的爱情追求者通过互联网相识、相知、相恋，其中有的人还挽[6]着手走上了红地毯，实现了自己追求美满[7]婚姻的梦想。

一张虚幻的、不可触摸[8]的网，为什么具有如此巨大的魅力[9]呢？我们先来分析一下网上恋情发展的过程。

网上恋情的发展经过其实并不复杂，通常是在平平常常的聊天儿中开始的。一些网络爱情故事的成功者说，他们并非[10]一开始就以寻找爱情为目的去上网，他们大多数只是随随便便地进入某个网站的聊天室，和别人谈天，进行交流。害怕心灵的孤独，寻找与人交流的机会，这恐怕是人的天性[11]。而在现实生活中，由于竞争的激烈，感到孤独的人确实不少。因而，网上聊天室成了人们交流思想的"场所[12]"，人们可以用文字、符号毫无顾忌[13]地表达自己的思想，寻找心中渴望的友情。久而久之[14]，你就会发现在与你聊天儿的网友[15]中，有一位就是你的知己[16]，你和他或她聊得越来越对劲[17]，共同语言越来越多，再后来，你可能会迫不及待地想和对方见面，如果对方是一位异性[18]，那么就有可能发展为一段网络爱情故事。网上爱情吸引着越来越多的年轻人，许多人都想试一试。

可是，据了解，网络恋情的成功率并不像人们期望的那么高，那么，网络恋情的吸引力在什么地方呢？本文想作一些进一步的分析探讨[19]。

第一，网络上人际[20]交往的隐蔽[21]性。曾经看到这样一张漫画[22]：一只狗坐在电脑前，用爪子[23]敲打键盘[24]，另一只狗在旁边用怀疑的眼光看着它。敲键盘的狗得意[25]地说：放心吧，在网上，没人知道你是一只狗。这张漫画一针见血[26]地指出了网上交往的特点：隐蔽性。这里所说的隐蔽性，除了指真实身份的隐蔽之外，主要是指性别的隐蔽。网上聊天儿中，异性之间的交往是无拘无束[27]的，人人都可以用一个网名或代号，通过聊天室、留言板[28]、个人主页[29]等，在世界各地的无数陌生人面前充分展示[30]你的个性，表达你的思想。在网上聊天室，你随时可以找到陌生的异性朋友聊天儿，聊得来就聊下去，聊不来随时可以中断，一走了之。这样的聊天儿甚至无需什么开场白[31]或客套话[32]，可以无所顾忌[33]，直截了当[34]，说出自己心里想说的话。之所以能这样，就是因为网络交往的隐蔽性，你不用担心人们知道你是谁，你是男的还是女的，也不用担心说错话，因为说错了也没关系，没有人会追究。而在现实生活中，互不相识的人，尤其是互不相识的异性要想随意聊天儿是不可能的事，即使在同事或者朋友中，异性之间的交往若是过深或者过于频繁[35]，就可能遭到他人的议论甚至指责[36]。而网络交往的隐蔽性使得人们在交往中不用考虑这些外在[37]因素，个人的思想感情得到充分的表达和发挥，即使是性格害羞和拘谨[38]的人，在网络交流的进行中也会渐渐改变，甚至也会主动地对网上的陌生人说："咱们交个朋友吧！"

第二，网络上人际交往的平等性。平等性在人类的交往中具有重要的意义，人类几千年来发生的大大小小的战争，很多是因为平等问题不能解决造成的。人际交往中，友情的基础是平等，是相互给予精神上的快乐。这种平等，首先是精神地位上的平等，没有尊卑[39]、高低之分；其次是相互之间没有利益冲突[40]。这两点在传统的人际关系中很少能同时具备，而这在网络中是轻而易举[41]的，是它的优势[42]。在现实生活中，人们的交往都事先确认[43]了对方特定的身份，或者是亲戚、同学、同事，或者是上级、下级、合作伙伴等，因而就形成了一定的交流障碍，带来了一些交往的限制。而在网络中，无论你在现实生活中地位是多么引人注目[44]，无论你是百万富翁[45]还是穷人，你都可以以一个普通人的身份出现，你和别人都只有代号，别的一切都可以忽略[46]不管，只注重[47]语言和思想的交流，获取[48]精神上的快乐。

第三，网上人际交流的神秘[49]性。网上的交流对象可能是未曾见过面的、陌生的，聊得多了，人们就不知不觉地猜想：对方是个怎么样的人？为什么和我有这么多共同语言？这就是神秘性。神秘来源[50]于陌生，陌生使交往带有新奇[51]感，因而更有意思。具有神秘性的事物一般都有吸引力和诱惑力，很多人都想试一试；另外，网络的空间距离也会使人产生一种朦胧的美感，为人的想象提供足够的空间，所以也有些人只满足于在网上与想象中的情人聊天儿，并不急于[52]走到网下来见面。生活中我们常常能看到这样的事：如果恋人相距遥远，那么他们往往会互相思念，不知不觉中把对方美化成天使[53]；而如果每天相守在一起，就有可能产生许多矛盾。这对于富于幻想的人来说，尤其如此。另外，我们还可以说，网络的广阔[54]空间为谈情说爱[55]提供了很好的土壤[56]。两个人在网上交谈，表达感情会更加大胆热烈，即使是内向的人也会变得勇于[57]表白[58]。许多长相[59]有缺点的人有了充分展示自己魅力的机会，使对方在性格上、学识[60]上对自己先取得好印象。这样，可以使人忽略家庭背景[61]、身份、经济条件等外在因素，远离世俗[62]，全心全意[63]地投入到感情世界里，这样的爱更纯粹[64]、更动人。

第四，网上恋情是都市人追求更高生活质量的表现。就[65]整体[66]来看，人类的活动领域在不断扩大，已经进入去太空旅行的世纪了。但是就多数的个体[67]而言[68]，人的活动空间却在不断缩小，特别是在现阶段，人们的交往更因物质生活的提高而减少。据调查，目前人们在生活中来往得最多的是同事，这样的交往范围显然不能满足人们的要求，很多人渴望有在家庭和工作范围外的交际活动，扩大视野[69]，而互联网的出现正好满足了这种需要，提供了更大的交往空间，各种各样的人都可以在这里谈天说地[70]。从另一方面说，由于网上交流不存在面对面交谈时可能出现的尴尬[71]，也可以不考虑对方的面子，这对于长期处于紧张工作状态的人来说，当然是一种轻松的交流方式，同时，能与世界各地的人们谈天说地，也为整天忙忙碌碌的生活增添[72]了一些浪漫色彩。

有位网友说："网络恋情就像肥皂泡，只能欣赏，不能真正拥有，虚幻的爱情只能是虚幻的，只存在于假设[73]之中，即使是这样，我的内心还是想寻找那种浪漫的情怀[74]，寻找那种更为丰富多彩的生活。"这句话有一定的代表性，也许可以说，网上恋情是人们对更高生活质量追求的表现吧，人在满足了衣食住行的需求[75]之后，必然[76]会在精神上有更多的期待，这就使网络恋情有了比较深厚的发展基础。

（选自《网络时代的恋情》，作者王珑玲，有改动）

生词

1. 虚幻	（形）	xūhuàn	不真实的。	
2. 网络	（名）	wǎngluò	互相联系、互相配合的系统。课文里指互联网。	
3. 取代	（动）	qǔdài	取消原来的事物，用别的事物代替。	丁
4. 月老	（名）	yuèlǎo	传说中促成婚姻的老人，也称为月下老人；媒人。	
5. 未曾	（副）	wèicéng	过去没有。	
6. 挽	（动）	wǎn	两人或几人弯着手臂互相勾着。	丙
7. 美满	（形）	měimǎn	美好的，使人满足的。	丁
8. 触摸	（动）	chùmō	摸到，碰到。	
9. 魅力	（名）	mèilì	吸引力。	
10. 并非		bìng fēi	并不是。	丁
11. 天性	（名）	tiānxìng	上天给予的特性；生下来就有的性质。	
12. 场所	（名）	chǎngsuǒ	地方。	丁
13. 毫无顾忌		háo wú gùjì	一点儿担心也没有。	
14. 久而久之		jiǔ ér jiǔ zhī	经过较长的时间。	
15. 网友	（名）	wǎngyǒu	通过互联网认识的朋友。	
16. 知己	（名）	zhījǐ	互相很了解的、很好的朋友。	
17. 对劲	（形）	duìjìn	相处得好、谈得很投合。	
18. 异性	（名）	yìxìng	性别不同的人。	
19. 探讨	（动）	tàntǎo	研究，探索。	丁
20. 人际	（形）	rénjì	人与人之间。	
21. 隐蔽	（形）	yǐnbì	看不见的，隐藏起来的。	丁
22. 漫画	（名）	mànhuà	指用夸张、变形等手法画的、有幽默味儿的画儿。	
23. 爪子	（名）	zhuǎzi	动物的有尖甲的脚。	丁
24. 键盘	（名）	jiànpán	指计算机上排列着的按键打字的部分。	
25. 得意	（形）	déyì	高兴，自己感到满足；骄傲。	丙
26. 一针见血		yì zhēn jiàn xiě	比喻接触到根本的、关键的问题。	
27. 无拘无束		wú jū wú shù	没有任何约束，不受限制。	
28. 留言板	（名）	liúyánbǎn	网络上供大家发表意见的地方。	
29. 个人主页		gèrén zhǔyè	个人在网上设立的信息专页，以便其他用户访问。	
30. 展示	（动）	zhǎnshì	表现出来，让人看见。	丁
31. 开场白	（名）	kāichǎngbái	在会议、谈话、表演开始前说的话。	
32. 客套话	（名）	kètaohuà	客气话。	

33. 无所顾忌		wú suǒ gùjì	没什么担心的。	
34. 直截了当		zhíjié liǎodàng	形容说话、做事不绕弯，直接指向目标。	
35. 频繁	（形）	pínfán	次数多。	丁
36. 指责	（动）	zhǐzé	批评，责备。	
37. 外在	（形）	wàizài	自身以外的。	
38. 拘谨	（形）	jūjǐn	不自然；不放松。	
39. 尊卑		zūn bēi	地位的高和低。	
40. 冲突	（动）	chōngtū	相互矛盾。	丙
41. 轻而易举		qīng ér yì jǔ	很容易做到。	
42. 优势	（名）	yōushì	有利的方面；有利的条件。	丙
43. 确认	（动）	quèrèn	明确地知道；明确地认可。	丁
44. 注目	（动）	zhùmù	把视线集中到一点上。	丁
45. 百万富翁		bǎiwàn fùwēng	非常有钱的人。	
46. 忽略	（动）	hūlüè	没有引起注意；忽视。	丁
47. 注重	（动）	zhùzhòng	注意，重视。	丁
48. 获取	（动）	huòqǔ	获得，得到。	丁
49. 神秘	（形）	shénmì	不容易猜测想象的；神奇秘密的。	丙
50. 来源	（动、名）	láiyuán	从……来；事物产生的根源。	丙
51. 新奇	（形）	xīnqí	新鲜神奇。	
52. 急于	（动）	jíyú	想要立刻做某事。	丁
53. 天使	（名）	tiānshǐ	原指上帝的使者，比喻天真、可爱、带来幸福的人。	
54. 广阔	（形）	guǎngkuò	范围非常大，广大。	乙
55. 谈情说爱		tán qíng shuō ài	谈恋爱。	
56. 土壤	（名）	tǔrǎng	地球表面上一层能生长植物的物质。比喻有助于事物产生、发展的有利条件。	丙
57. 勇于	（动）	yǒngyú	勇敢地（做某事）。	丁
58. 表白	（动）	biǎobái	说明自己的感情。	
59. 长相	（名）	zhǎngxiàng	相貌，外貌。	
60. 学识	（名）	xuéshí	学问、知识。	
61. 背景	（名）	bèijǐng	指对人物、事件起作用的历史条件或现实环境。	丙
62. 世俗	（名）	shìsú	社会上一般的习惯力量；习俗。	
63. 全心全意		quán xīn quán yì	用全部的精神和力量。	丁
64. 纯粹	（形）	chúncuì	完全不含别的杂质的。	丁
65. 就	（介）	jiù	从……（方面）	乙

66. 整体	（名）	zhěngtǐ	一个集体的全部，全体。	丙
67. 个体	（名）	gètǐ	单个的人。	乙
68. 就……而言		jiù …… ér yán	从……来说。	
69. 视野	（名）	shìyě	视力、眼界达到的范围。	丁
70. 谈天说地		tán tiān shuō dì	随意聊天儿。	
71. 尴尬	（形）	gāngà	难为情。	
72. 增添	（动）	zēngtiān	增加。	丁
73. 假设	（名、动）	jiǎshè	还没经过实践证明的说法；假如。	丁
74. 情怀	（名）	qínghuái	充满某种感情的心。	
75. 需求	（名）	xūqiú	需要、追求。	丁
76. 必然	（形）	bìrán	表示事理上一定是这样。	乙

词语、句式例释

1. 互联网使许多还未曾见面、甚至远隔千山万水的爱情追求者相识、相恋。

"未曾"是副词，表示某种情况、行为、动作过去没有发生过，后半句有时有"过"，相当于"没有……过"，多用于书面。如：

(1)发生这种情况，是我未曾预料到的。

(2)历史上这里还未曾发生过这么严重的地震。

(3)我拼命寻找，可还未曾找到。

(4)她的这种人生信念未曾动摇过。

2. 他们并非一开始就以寻找爱情为目的去上网。

"并非"是"并不是"的意思。如：

(1)她并非我的女朋友，我们只是比较要好的同学。

(2)我并非公司里的正式工作人员，我只是在这里实习。

(3)并非所有的人都掌握了这种新技术，只是一部分人真正掌握了。

(4)我并非是有意骗你，你以后会慢慢明白的。

(5)这种观点并非完全正确。

3. 据了解，网络恋情的成功率并不像人们期望的那么高。

"据"是介词，表示依据、根据。它的后面可以带名词、动词或小句，构成介词结构。介词结构"据……"可以放在句首，后面有停顿，也可以放在句子的谓语动词前。如：

(1)请你据实说明情况。

(2)据可靠消息，明天的天气会发生变化。

(3)据估计，明年的产量还会继续增加。

(4)他的病据医生说很快就会好的。

(5)据我们统计，药品的价格已经下降了百分之二十。

4. 聊得来就聊下去，聊不来随时可以中断。

“动＋得来/不来”是一种可能补语格式，多用在口语中，有两种意义：一、表示关系融洽/不融洽、对劲/不对劲，前面的动词一般是“谈”“聊”“合”“相处”等(见前3个例句)；二、表示有(或没有)能力、习惯(或不习惯)做某事等意思(见后3个例句)。

(1)他和小吴谈得来，让他去说吧。

(2)他们俩在一起生活了一年，实在合不来，就分手了。

(3)我跟他实在相处不来。

(4)这种工作我真的做不来。

(5)这种流行歌曲我唱不来。

(6)这种美术字我可写不来。

5. 无论你在现实生活中地位是多么引人注目，无论你是百万富翁还是穷人，你都可以以一个普通人的身份出现。

这是一个二重复句。句子的总体结构是条件复句“无论……，都……”，前一部分(指两个用“无论”开头的分句)指出几种条件或情况，后一部分(第三个分句)表示结论不因为前面的任何条件而改变。前一部分又是由两个并列的分句“无论……，无论……”组成的。如：

(1)无论是中年人还是青年人，无论是教师还是学生，都可以对这一规定发表自己的意见。

(2)无论看电视剧还是看电影，无论这种电视剧、电影有没有意思，她都能从头看到尾。

(3)不管走到哪里，不管道路平坦还是坎坷，我都会记住这句话。

(4)不管情况发生什么变化，我的决定都不会改变，我要永远和你在一起。

(5)不论你觉得自己聪明不聪明，都应该对自己有信心，都不应该放弃努力。

6. 神秘来源于陌生。(“于”)

“于”，介词，引进时间、处所、范围等，用于书面语，相当于口语中的“在、从”。如：

(1)他出生于1983年。

(2)我毕业于中国人民大学。

(3)幸福来源于自己的努力。

(4)有些人只满足于在网上与想象中的情人聊天儿。

(5)他并不急于向她表白。

7. 就整体来看，人类的活动领域在不断扩大，但是就多数的个体而言，人的活动空间却在不断缩小。

“就……来看”“就……而言”结构中的“就”是介词，引进动作的对象或范围，相当于“从……方面来看”“从……方面来说”。这种结构多用于书面语。如：

(1)就你现在的汉语表达能力来看，要翻译这本书还有一定的困难。

(2)就球技而言，我们并不比你们差。

(3)就汉字书写的情况来看，我们还有很多需要注意的地方。

(4)就理论水平来说，老张比老刘高；就工作经验而言，老刘比老张丰富。

(5)就消费能力而言，北京和上海是全国最高的。

8. ……从另一方面说，由于网上交流不存在面对面交谈时可能出现的尴尬，……

短语“从另一方面说”用在两个句子或语段的中间，起连接作用，从另外一个角度补充说明情况。如：

(1)让孩子们做做家务，能培养他们的劳动习惯。从另一方面说，这样做，也能让他们多了解家庭和父母。

(2)到郊外旅游，可以呼吸新鲜空气，换换环境。从另一方面说，家人、朋友借这么一个机会聚一下，也是很有乐趣的。

(3)课外时间去打工，可能会对学习造成一定影响，但从另一方面来说，也是一种很好的锻炼。

(4)汽车给人们的出行带来了很大的方便，这是不用怀疑的，可是从另一方面说，汽车的大量使用使空气受到污染，这也是很令人头疼的事。

练习

一、熟读下面的词组，并选用其中合适的改写下面句子中的画线部分：

未曾见过面	勇于表白	急于见面	就个人而言
未曾经历过	勇于承担责任	急于解释	就整体而言
未曾取得过	勇于承认错误	急于表白	就专业知识来说
未曾听说过	勇于接受意见	急于完成	就这个问题进行交谈
拥有爱情	就整体而言		
拥有幸福	就个体而言		
拥有才华	就学习效果来说		

1. 他对你可能有误会，但他现在在气头上，还不冷静，你不要马上去跟他解释，这时候解释效果可能不好。
2. 学习外语时，如果只是记、读单词，而不做大量的阅读练习，这样的学习方法不会收到最好的效果。
3. 这么可怕的场面，在我 20 岁的人生历程中，还是第一次经历。
4. 人们都希望自己得到爱情，得到幸福，可是，这一切都要经过努力才能得到。
5. 在会议中，双方在其中一个问题上有一些不同的观点，因此，他们专门谈了对这个问题的意见。
6. 犯了错误并不可怕，只要能够认识错误并且承担责任，就能得到大家的谅解。

二、给下列动词加上合适的宾语：

表白 ______ 忽略 ______ 拥有 ______ 富于 ______

展示 ______ 取代 ______ 具备 ______ 扩大 ______

增添 ______ 探讨 ______ 期待 ______ 满足 ______

三、根据下面句子的意思，在动词后加可能补语(用“得来/不来”)：

1. 你们两个人都是学哲学的，一定谈 ______ 。
2. 繁体字我完全没学过，写 ______ 。
3. 他们俩的观点完全不同，肯定谈 ______ 。
4. 京剧太难唱了，我很喜欢听，但唱 ______ 。
5. 他这人很有知识，也很谦虚，我非常佩服他，但他的优点我还学 ______ 。

四、写出下列词的近义词：

恋情(　　) 期待(　　) 知己(　　) 忽略(　　)

展示(　　) 必然(　　) 探讨(　　) 拘谨(　　)

尴尬(　　) 诱惑(　　)

五、用指定的词语完成句子：

1. 你觉得喜欢在网上聊天儿的人都很无聊吗？______________________。(并非)
2. 大家都认为我聪明，不需要作出很大的努力就可以取得成功，__________。(并非)
3. 他刚来的时候谁也不认识，感到很不习惯，____。(久而久之)
4. 他是汉语言专业的本科毕业生，翻译一下这个产品介绍，____。(轻而易举)
5. 现在一般的大公司招聘职员，虽然也看学历，但 ____。(注重)
6. 我之所以选择到北京来学汉语，______________________。(具备)
7. 以前，用纸写信是远隔重洋的人们的主要联系方式，______________。(取代)
8. 有时，人们看问题的时候，往往只注意到一些表面上的东西，__________。(忽略)
9. 网上的爱情是虚幻的、不真实的，______________________________。(即使……，还是……)
10. 年轻人在热恋的时候，______________________________________。(把……美化成……)

六、用指定的书面语词语改写下面的句子：

1. 我们俩还年轻，并不想马上结婚。(急于)
2. 如果我们做错了，我们应该勇敢地改正自己的错误。(勇于)
3. 她是个有很多幻想的女孩儿。(富于)
4. 互联网的神秘性是从陌生感来的。(来源于)
5. 为什么互联网有这么大的魅力呢？(如此)

6. 从全体同学的考试成绩来看，大家的进步是很明显的。（就）

七、选择合适的词语填空：

（迫不及待、朦胧、无拘无束、直截了当、具备、诱惑力、毫无顾忌、利益冲突）

1. 我们只有一个小时的讨论时间，希望大家（　　　　）地说明自己的意见。
2. 我们俩是最好的朋友，我非常信任她，心里有什么事都（　　　　）地告诉她。
3. （　　　　）什么条件才能申请在这个学校上本科呢？
4. 电子游戏的（　　　　）太大了，一些孩子情愿不上学、不完成作业也要玩儿。
5. 我的父母都是非常民主、随和的人，我们一家人常常（　　　　）地开玩笑。
6. 我太想家了，一放假，我就（　　　　）地买飞机票回家。
7. 我们之间没有什么（　　　　），为什么就不能成为朋友呢？
8. 晚上，我们到校园去散步，在初月的月光下，一切都是（　　　　）的，显得比白天美。

八、用指定的句式改写句子：

1. 需要付多少医药费，作出多大牺牲，我们都愿意，我们要尽力挽救他的生命。（无论……，无论……，都……）
2. 他的考试成绩不是最好的，但他的学习态度是最认真的。（就……而言）
3. 这种方法虽然不是最好的，但从教育孩子的方面来说，还是有好处的。（就……而言）
4. 人类如果不注重环境的保护，那么，地球毁灭的结果是免不了的。（必然）
5. 科学家们分析，最近地球的气温还会继续升高。（据……）
6. 星期天到朋友家去玩儿玩儿，是一种很好的休息方式，同时也能增进朋友之间的感情。（从另一方面说）

九、用下列常用词语造句：

1. 并非
2. 频繁
3. 注重
4. 增添
5. 勇于

十、排列句子顺序，组成语段：

1. a. 他与别人都是平等的
   b. 有多少财富
   c. 在人格上，在法律上
   d. 无论他的地位有多高

2. a. 不管你在工作上取得多大的成就
   b. 不管你得到了多么高的荣誉
   c. 为自己设立一个新的起点
   d. 你都应该谦虚谨慎

3. a. 不论你觉得自己聪明不聪明

b. 都应该对自己有信心
c. 长得漂亮不漂亮
d. 都不应该放弃努力

4. a. 一方面极大地丰富了人们的生活
b. 互联网的出现
c. 也给人们带来了极大的便利
d. 也使一些人得到了新的犯罪机会
e. 另一方面

5. a. 目前人们在生活中来往得最多的是同事
b. 这样的交往范围显然不能满足人们的要求
c. 很多人渴望有在家庭和工作范围外的交际活动
d. 而互联网的出现正好满足了这种需要
e. 扩大自己的视野

十一、谈一谈或写一写你对网上交友的看法。

阅读课文

怎样看待“网上结婚”

一位女士发现她的丈夫“网上结婚”的行为，一气之下，告到了法院，要求离婚，并要求法院判处其丈夫赔偿自己的精神损失。就此事，记者采访了一位婚姻法专家。专家表示，对已婚者“网上结婚”的行为不能随便作出结论。如果仅仅把“网婚”当作一种游戏，而且现实生活中的配偶(pèi'ǒu)也能谅解，那就没有什么大问题；可是如果沉迷在这种游戏中不能摆脱，而且严重伤害了配偶的感情，很可能会导致婚姻的破裂，此时，法院应准予离婚。但是，虚拟婚姻不符合国家婚姻法的要求，不受法律承认和保护，不能构成法律上的“重(chóng)婚罪”，因此就这种情况要求经济赔偿，有较大的难度。我国婚姻法规定，只有因为重婚、有配偶者与他人同居、家庭暴力、虐待并抛弃家庭成员等四种情况引起的离婚，无过错的一方才有权请求经济赔偿，而“网婚”则不属于这些范围。

第七课

北京人与上海人

北京与上海，一北一南，都是中国最有名气[1]的大都市[2]。然而，人们的思维[3]方式、风俗趣味却相差甚远[4]。

北京是中国的首都，生活在“皇城”里的人们都有一些隐隐约约的优越[5]感。虽然大家都是在“过日子”——吃喝拉[6]撒[7]睡，开门七件事——柴米油盐酱醋茶，但北京人的活法却总是最快地跟上世界潮流，总是有大家[8]风度。比如说酒吧，哪个城市的酒吧会比北京的酒吧多呢？酒吧虽然也赚钱，但文化味儿大于商业味儿。也许有人会说，北京人有点儿“油[9]”，不错，是有点儿油，但并不浅薄[10]，北京人也不避俗[11]，但俗中有雅[12]，即使是最俗的俏皮话[13]，也有历史典故作背景，加上十足[14]的京腔[15]，显得有那么点儿诗意[16]。北京人毕竟是古老文明最正宗[17]的继承者，瘦死的骆驼比马大①，他们怎么也掉不了身价[18]。

上海人就两样了。他们的活法世俗、实在、精打细算[19]，他们埋头做生意，精心过日子，他们生活在一个职员[20]和市民[21]的社会里，善于从经济的角度来考虑问题，他们会直统统[22]地问人家“侬[23]几岁？”也会坦率[24]地用“合算[25]不合算”来表示自己的选择。当说到“外地人”“乡下人”时，他们可能不会掩饰[26]自己的轻视[27]。他们骂起人来一点儿也不高雅，不像北京人骂人那么有艺术性，那么让人忍不住发笑。虽说上海大，玩儿的地方却远不如北京多，到处是密密麻麻[28]的高楼，花花绿绿[29]的商店招牌，商业味儿浓于文化味儿。总之，上海的诗意是少了一点儿。最近，上海刮起了一股浓浓的怀旧[30]风，老房子、老公寓、老门牌[31]、老里弄[32]，都恢复了原貌，上海人也开始“写诗”了。但是，上海有多少旧可怀呢？长城、故宫这些伟大的古迹都在北京，上海作为大都市，毕竟只有一百多年的历史，哪里比得上北京历史悠久呢？

然而，我不认为北京人因此就可以轻视上海人。上海人对北京人还是很友好的，可能他们会轻视外地人，可唯独不敢轻视北京人。而在北京人眼里呢，上海人的形象却不那么美好：精明、小气、没有诗意、缺乏幽默感等等。总之，北京人认为，上海人的毛病太多了。我认为北京人的这种看法没有什么道理。

不错，北京有许多值得骄傲的地方。前不久，一位患了绝症[33]的贫苦小女孩儿来到北京求助，热心的北京人不仅在短时间内就捐足了一大笔医药费，而且，还凭着高水平的医术使这位小女孩儿获得了新生。小女孩儿及其父母都说，永远不会忘记好心的北京人。北京人的优秀之处是说也说不完的。但是，北京人就没有缺陷[34]吗？北京人也许不小气，但往往有些傲气[35]、"大爷"气；北京人是很幽默，但有时会给人油腔滑调[36]、不够诚恳的感觉。北京人也不是完美无缺的。比方说，你问路时如果不彬彬有礼[37]地叫一声"大爷"，得到的回答就可能是："自个儿找去吧，您哪！"然后就哼[38]着小曲儿扭头而去，全然不顾你那莫名其妙一脸茫然[39]的样子。北京人最引以为荣[40]的豪爽[41]，也可能变成假模式[42]。一个爱说笑话的外地朋友嘻嘻哈哈[43]地描述他对北京人的感受：北京人不是很豪爽吗？见面三分钟，如果你们谈得高兴，他立马[44]就会跟你拍肩打背，成了哥儿们，请你到他家里去。当你们聊得起劲[45]时，他会坚持留你吃饭。如果你要走，他会生气地说："哥儿们别走别走，我锅都给你刷好了！"可你要真留下来，那就麻烦了："哟，哥儿们，你可把我坑[46]了！""坑了？你不是连锅都刷了吗？""锅是刷了，可面条还没买呢！"这当然是说笑话，拿北京人开心，我也没见过这样的北京人，但这笑话中难道就没有一点儿北京人的影子吗？

上海人就不会这样。他们确实不会轻易和别人称兄道弟[47]，他们和陌生人接触时，有时显得比较冷淡。彬彬有礼、客客气气的后面，是可以感觉到的疏远[48]和距离。所以，和上海人交上朋友并不容易。但一成了朋友，就相当可靠，甚至终生可靠。我在上海有不少朋友，平时各忙各的事，来往不多，但是如果有事相求，都十分尽心尽力，绝不敷衍[49]。他们答应的事，极少失信[50]。我有一个上海朋友是经商[51]的，一次，他为了帮我一个忙，三次跟我约会，每次都准时到达。这种守时守信[52]的作风，也是上海的多数行业所具有的。我想，这和商业社会重信誉[53]、守合同的传统不无关系。

实际上，上海人有很多优点可以和北京人相提并论[54]。比方说，上海生产的服装、鞋帽等产品质量好、款式也好，总是在市场上最受欢迎；上海人素质[55]高，有文化，有教养[56]，讲礼貌。上海人的服装欣赏水平也很高，常常走在全国前头。上海和北京毕竟是中国最大的两个城市，而且是优秀人才集中的地方，不可能逊色[57]于别的城市。而且，上海人还有一些北京人没有的优点，例如节俭[58]、勤快[59]、守时、讲效率等等。再说，虽然上海人有看不起外地人的毛病，但他们至少没有看不起北京人，所以，北京人并不能因此就轻视上海人。

北京人身上最宝贵的，是他们的理论思考精神，正因为他们在理论上的独立思考、探索精神，才使他们喜欢谈论国家大事、国际大事，“国家兴亡，匹夫[60]有责”②的精神在他们的意识中扎下了根，他们对国家的责任感和历史感是最强的。他们也最敢发表自己的意见，也正因为如此，它才成为“五四运动”和“中国新文化运动”的发源[61]地。这是一种高层次的文化趣味，需要长时间的培养和积累，并非一日之功；也正是这种高层次的文化趣味，吸引了千千万万的优秀人才汇集到北京来。而上海人则注重务实[62]的精神，重视解决实际问题。上海人开会，常常讨论如何实施某种方案而不是这个方案的意义。就拿乘坐公共汽车来说吧，80年代，坐公共汽车还是比较困难的。北京的做法是一拥而上[63]，上车后售票员就大声嚷：“哪位乘客给这位大爷让个座?”有用没用呢？只能靠乘客自觉了。上海的做法就不一样了，他们在起点[64]站设“站队”和“坐队”，请退休工人来维持秩序[65]，按先来后到排队，一律[66]平等。一些需要照顾的老人、残疾人，就被安排到“坐队”的前头。显然，北京的做法靠道德说教[67]，上海的做法靠管理。前者基于理论，后者基于实际。上海人的这种作风使上海人在管理公共事务时井然有序[68]，并尽可能做到公平合理。当然，任何做法和作风都不是一好百好的[69]。如果把所有的事务和关系都实用化，那么，这种务实精神就会变味儿，变成算计[70]，这正是上海人遭到北京人批评的要害[71]之处。不过，北京人真犯不着抓住这一点就轻视上海人，即使上海人有一些缺点、毛病，又有什么大不了的呢？每个城市都有自己的问题，也有自己的优点，我们还是互相学习，取长补短[72]吧。

（选自《读者文摘》，作者易中天，有改动）

注释

① 瘦死的骆驼比马大

这是一句俗话，意思是：即使骆驼再瘦，也比马大。比喻某种事物由于本来就具有的优势，使它不可能比别的同类事物差。

② **国家兴亡，匹夫有责**

这是一句名言，意思是：关系到国家兴亡的大事，每个人都有责任。匹夫，泛指普通老百姓，也指个人。

生　词

1. 名气	（名）	míngqì	名声；有名的程度。	
2. 都市	（名）	dūshì	大城市。	丁
3. 思维	（名）	sīwéi	人类思考问题的活动。	丙
4. 相差甚远		xiāng chà shèn yuǎn	差异很大。	
5. 优越	（形）	yōuyuè	比其他的好；比一般的好。	丙
6. 拉	（动）	lā	本文指大便。	
7. 撒	（动）	sā	本文指小便。	乙
8. 大家	（名）	dàjiā	本文指有较高地位的人。	
9. 油	（形）	yóu	本文指油滑，不诚恳。	
10. 浅薄	（形）	qiǎnbó	不深厚。	
11. 俗	（形）	sú	俗气，不高雅。	丁
12. 雅	（形）	yǎ	优美的，不俗气的。	
13. 俏皮话	（名）	qiàopihuà	幽默风趣的话。	
14. 十足	（形）	shízú	非常充足的；完全的。	丁
15. 京腔	（名）	jīngqiāng	北京语音。	
16. 诗意	（名）	shīyì	像诗一样的味儿。	
17. 正宗	（形）	zhèngzōng	从最早传统中流传下来的；保持本色的。	
18. 身价	（名）	shēnjià	身份和社会地位。	
19. 精打细算		jīng dǎ xì suàn	在使用人力、钱时仔细地计划、计算。	丁
20. 职员	（名）	zhíyuán	在企业、事业单位里担任一定的职责的工作人员。	丙
21. 市民	（名）	shìmín	城市居民。	丁
22. 直统统	（形）	zhítǒngtǒng	说话非常直接，不拐弯儿。	
23. 侬	（代）	nóng	你（上海话）。	
24. 坦率	（形）	tǎnshuài	坦白直率。	
25. 合算	（形）	hésuàn	得到的大于付出的。	丙
26. 掩饰	（动）	yǎnshì	掩盖真实的态度、情况，不让发现。	丁
27. 轻视	（动）	qīngshì	看不起。	丙

28. 密密麻麻	（形）	mìmimámá	很密的样子，空间距离很小。	
29. 花花绿绿	（形）	huāhuālǜlǜ	颜色鲜艳多彩。	
30. 怀旧	（动）	huáijiù	怀念过去的人和事物。	
31. 门牌	（名）	ménpái	安装在大门外，写着街名和房子号码的小牌子。	
32. 里弄	（名）	lǐlòng	小巷子。	
33. 绝症	（名）	juézhèng	难以治好的病。	
34. 缺陷	（名）	quēxiàn	缺点，不足之处。	丁
35. 傲气	（形）	àoqì	骄傲。	
36. 油腔滑调		yóu qiāng huá diào	说话不诚恳，不实在。	
37. 彬彬有礼		bīnbīn yǒu lǐ	很有礼貌的样子。	
38. 哼	（动）	hēng	从鼻子里发出声音。	乙
39. 茫然	（形）	mángrán	不明白的神情。	丁
40. 引以为荣		yǐn yǐ wéi róng	感到光荣。	
41. 豪爽	（形）	háoshuǎng	性情爽快大方。	
42. 模式	（名）	móshì	样子、形式。	丁
43. 嘻嘻哈哈	（形）	xīxīhāhā	形容随便说笑的样子。	
44. 立马	（副）	lìmǎ	马上。	
45. 起劲	（形）	qǐjìn	感到很有意思、情绪高。	丁
46. 坑	（动）	kēng	害，损害。	丙
47. 称兄道弟		chēng xiōng dào dì	互相称呼为兄弟。	
48. 疏远	（形）	shūyuǎn	不亲密，来往少。	
49. 敷衍	（动）	fūyǎn	马马虎虎地应付，不认真做。	丁
50. 失信		shī xìn	说话不算数，失去信用。	
51. 经商		jīng shāng	做商业贸易工作。	丁
52. 守信		shǒu xìn	遵守诺言，守信用。	
53. 信誉	（名）	xìnyù	信用和声誉。	丁
54. 相提并论		xiāng tí bìng lùn	放在一起比较讨论。	
55. 素质	（名）	sùzhì	指人的道德品质、知识、能力等各方面的综合水平。	丁
56. 教养	（名）	jiàoyǎng	文化和道德方面达到的水平。	丁
57. 逊色	（形）	xùnsè	比不上；比别的差。	
58. 节俭	（形）	jiéjiǎn	节约。	
59. 勤快	（形）	qínkuai	尽力多做，不懒。	

60. 匹夫	（名）	pǐfū	普通人，个人。	
61. 发源	（动）	fāyuán	河流起源，比喻事情起因。	
62. 务实	（动、形）	wùshí	重视并注意具体的实际问题。	
63. 一拥而上		yì yōng ér shàng	许多人一起拥挤过来。	
64. 起点	（名）	qǐdiǎn	开始出发的地点。	丁
65. 秩序	（名）	zhìxù	事物是否整齐地组合在一起的状态。	乙
66. 一律	（副）	yílǜ	没有例外，全部。	
67. 说教	（动）	shuōjiào	脱离实际地讲道理、宣传。	
68. 井然有序		jǐngrán yǒu xù	很有条理、秩序。	
69. 一好百好		yì hǎo bǎi hǎo	如果一个好了就代表所有的都好。	
70. 算计	（动）	suànji	本文指过多地考虑自己的利益，甚至损害别人的利益。	
71. 要害	（名）	yàohài	最重要的地方；关键。	
72. 取长补短		qǔ cháng bǔ duǎn	吸取别人的优点，弥补自己的不足。	

词语、句式例释

1. 酒吧虽然也赚钱，但文化味儿大于商业味儿。（用"于"的比较句）

"于"是介词，除了用来引进时间、处所（如"生于1980年""毕业于人民大学"）外，也可以用来引出相关的事物或对象，这种作用与介词"对"的引介作用相近。"对"与"于"相比，"对……"只能用在动词前作状语，"于……"也可以用在动词前，但多用在动词后作补语。"于"还可以用来比较，相当于"比"，一般用在形容词后。如：

（1）充足的睡眠有益于健康。

（2）与汉族人交谈有助于提高汉语听力水平。

（3）这种情况于我们有利。

（4）今年冬天乌鲁木齐的气温低于去年。

（5）北京和上海不逊色于别的城市。

2. 可能他们会轻视外地人，可唯独不敢轻视北京人。

"唯独"是副词，表示"只、单单"的意思，常用来将个别事物与一般事物作比较，强调"唯独"后的人或事物的特殊性。用在名词性词语前面的情况多。如：

（1）这些人都不可靠，唯独他是可靠的。

（2）这种东西哪儿都没有，唯独在前门能买到。

（3）大家都愿意去，唯独她不愿意。

（4）别的事我都可以不计较，唯独这件事，他非得给我说清楚不可。

（5）她觉得别人的衣服都不好看，唯独自己的衣服漂亮。

3. 北京人是很幽默，但有时会给人油腔滑调、不够诚恳的感觉。

“是”用在动词、形容词前，表示肯定，有强调的语气，相当于“的确、实在”的意思。句子中的“是”一般要重读。如：

(1)他是很聪明，如果让他深造一下，将会成为难得的人才。

(2)我是不想把事情闹大，我只想尽快解决问题。

(3)这项工作是有一定的难度，我们要作好充分的准备。

(4)我是告诉他了，那又怎么样？

(5)这次考试的确是很不容易。

4. 正因为他们在理论上的独立思考、探索精神，才使他们喜欢谈论国家大事、国际大事。

“正”用在“因为”前面，表示强调某种原因，后面多用“才”表示相关的结果，构成“正因为……，才……”句式，这种句式与“因为……，所以……”相比，语气上更强调前一分句的原因。如：

(1)正因为大家都不愿意去，我才去的。

(2)正因为有太多的私心，他才做出这样的事来。

(3)正因为他能为大家说话，我们才选他为代表。

(4)正因为他虚心好学，才有这么大的进步。

(5)正因为产品的质量好，才如此受欢迎。

5. 北京的做法靠道德说教，上海的做法靠管理。前者基于理论，后者基于实际。

“前者、后者”是代词，分别代指上文提到的前一种情况和后一种情况，以避免表达的重复。如：

(1)学汉语和学英语都不容易，前者难在发音和汉字，后者难在语法。

(2)高山值得去参观，大海值得去欣赏，前者与后者相比，我更希望去看看大海。

(3)咖啡和茶对我来说，都是一天也不能少的“朋友”，相比之下，我更喜欢后者。

(4)大伟和小张在体育上各有长处，前者擅长跳高，后者擅长短跑。

练　习

一、熟读下面的词语，并选择合适的完成下面的句子：

十足的京腔	大家风度	名气	优越感	出于个人恩怨	相差甚远
十足的把握	学者风度	傲气	历史感	出于正义感	相差不远
信心十足	很有风度	小气	责任感	出于关心	相差不多
	男子汉风度	土气	正义感	出于嫉妒	

1. 这孩子从小就听到很多表扬，这个说他聪明，那个说他漂亮，加上富裕的生活条件，使他觉得自己比别人都好，养成了强烈的____________。
2. 由于基础很好，又进行了充分的复习，我对这次考试________________________。
3. 一个男人，不要在这样的事情上跟女孩子生气嘛！这样的小事要是太计较就会失去______________________________。

4. 我们俩虽然是好朋友，可是他大胆热情，我容易害羞，两人在性格方面＿＿＿＿＿＿＿。

5. 父母批评你，只是＿＿＿＿＿＿＿＿＿＿＿＿＿＿＿＿。

6. 这个人谁都看不起，有点儿＿＿＿＿＿＿＿＿＿＿＿＿＿＿＿＿。其实，他也不比别人强。

二、多音字练读：

(dū)都市	(háng)行业	(shuài)坦率
首都	内行	直率
(dōu)都来了	(xíng)行为	(lǜ)出生率
都喜欢	行人	升学率

三、给下面的动词加上合适的宾语：

缺乏＿＿＿　轻视＿＿＿　接触＿＿＿

掩饰＿＿＿　刷＿＿＿　继承＿＿＿

积累＿＿＿　善于＿＿＿　具有＿＿＿

维持＿＿＿

四、写出下列词的反义词：

俗（　　）　傲气（　　）　公开（　　）

节俭（　　）　守信（　　）　浓（　　）

轻视（　　）　疏远（　　）　勤快（　　）

冷淡（　　）

五、用指定的词语或句式改写句子：

1. 于（高于、快于、逊色于）

(1)西安人的平均收入水平今年比去年高。

(2)经济发展的速度今年比去年快。

(3)他的成绩一向是最好的，不可能比别人差。

2. 善于从……的角度

(1)他常常从语法的方面分析问题，找出文章中需要修改的地方。

(2) 他考虑问题的时候，不光想到自己的利益，也经常考虑到他人的利益。

3. 正因为……，才……

(1)因为对他负责任，所以对他提出这些要求。

(2)因为我们俩是好朋友，所以我对他说这些话。

4. 前者（后者）

(1)爬山和游泳都是我喜欢的运动，不过，我更喜欢游泳。

(2)继续上学还是开始工作？考虑到家庭的经济情况，我选择了开始工作，放弃了继续上学的打算。

5. 是（用于强调）

(1)这种产品的质量的确很好，但价格稍微高了一点儿。

(2)他确实谈了自己的意见,而且谈得很详细。

六、用指定的词语完成句子:

1. 她今天跟这个朋友吃饭,明天跟那个朋友去看电影,后天跟同学去酒吧,__________
____。(总之)
2. 父亲的身体虽然还好,____________________。(毕竟)
3. 她们虽然吵过架,____________________。(毕竟)
4. 他兴趣广泛,什么都会玩儿,____________________。(唯独)
5. 大家都同意这个提议,____________________。(唯独)
6. 他很喜欢上网聊天儿,____________________。(起劲)
7. 他觉得自己上大学的机会来之不易,____________________。(埋头)
8. 这只是一般的感冒,____________________。(大不了)
9. 正因为北京有那么多优越的学习条件,____________________。(才)

七、成语填空,并选择相应的改写下面的句子:

取长补(　　)　称(　　)道弟　精打细(　　)　油腔滑(　　)
(　　)然有序　彬彬有(　　)　相提并(　　)

1. 你的听力比我好,我的阅读能力比你强,我们可以互相学习。
2. 我这个月只有一千块钱了,我得好好儿地计划一下,否则就不够用了。
3. 今天来参加考试的人很多,但由于安排得好,考场一点儿也不乱。
4. 他受过很好的教育,对人很有礼貌。
5. 他们俩情况不一样,不能放在一起讨论。

八、选择合适的词语填空(有的词可以选用两次):

(逊色、人才、捐、毕竟、于、相提并论、不如、患、热心、悠久)

1. 实际上,上海有很多优点可以和北京(　　　),上海和北京(　　　)是中国最大的两个城市,而且是优秀(　　　)集中的地方,不可能(　　　)于别的城市。
2. 上海玩儿的地方(　　　)北京多,到处是密密麻麻的高楼,花花绿绿的商店招牌,商业味儿浓(　　　)文化味儿。
3. 前不久,一位(　　　)了绝症的小女孩儿来到北京求助,(　　　)的北京人在短时间内就(　　　)足了一大笔医药费。
4. 上海作为大都市,(　　　)只有一百多年的历史,哪里比得上北京历史(　　　)呢?

九、排列句子顺序,组成语段:

1. a. 后者考虑的是节省时间
   b. 前者考虑的是节省经费
   c. 有人主张坐飞机去
   d. 有人主张坐火车去

2. a. 让人没有信任感
   b. 他是很幽默
   c. 常把人逗得哈哈大笑
   d. 但是他给人油腔滑调的感觉

3. a. 大家才选他当了代表
   b. 正因为他敢说真话
   c. 这个人平时说话不算多
   d. 可是他敢于发表自己的意见
   e. 从不掩饰自己的真实观点

4. a. 玩儿的地方却远不如北京多
   b. 这个城市虽然很大
   c. 到处是密密麻麻的高楼
   d. 花花绿绿的商店招牌

5. a. 好像什么忧愁也没有
   b. 他整天嘻嘻哈哈地开玩笑
   c. 只是不愿意表现出来罢了
   d. 其实他最近也遇到一些麻烦
   e. 工作上不太顺心

十、用下列常用词语造句：

1. 敷衍
2. 优越
3. 继承
4. 精心
5. 素质

十一、写一写、谈一谈你对某个城市的印象和感受，最好能把两个地方作一下对比。

阅读课文

我选择留在北京的理由

现在，要数说北京的坏处似乎更容易：大风沙、气候失常、老建筑消失、商业不发达、生活不方便、服务差、吃得太粗、生活费太贵、休闲时间太少、房价是江西的六倍……可还是有这么多人心甘情愿忍受着这些不如意，唠叨着，抱怨着，矛盾地、愉快地生活下去了。我认为，北京的吸引力在于：

1. 异国小馆子

北京有这么多的异国口味的小馆子，吃日本菜、西班牙菜、泰国菜、韩国菜都不成问题。这些馆子往往是在当地生活过的中国人回来开的，口味与文化性是没有问题的，但最吸引人的还是这种小馆子营造的氛围，既亲切又随便。人在放松的时候胃口总是好一点儿的，也比较愿意喝上两杯，这一点是在大酒店吃饭永远不能比的。

2. 名人沙龙

再没有哪个城市像北京这样能聚集起这么多的各界名人，像演艺明星、作家、导演、艺术家……而且他们常去的地方是极有规律的。其实，名人常去的地方并不一定很贵，可能你我都去得起。比如三里屯酒吧南街有家芥末坊

(Jièmofáng),虽然又小又破,可是做出的牛肉面却是一流,崔健、张元等一帮人都爱半夜去吃。常常看见名人是一种乐趣,尤其是看见了却又不动声色,一副"我见多了"的样子——这是北京人最拿手的。

3. 司机的幽默感

北京的出租车司机有很多可气的地方:喜欢绕路、夏天不开冷气、不帮乘客拿行李、把收音机开得大大地听评书……但是他们很有幽默感,有时能逗得你大笑不止。

4. 书店多

北京书多,书店多,好书也多。中文书、外文书,在外地找不到的,在北京都能找到。例如三联书店里,几乎每天都坐满了专心致志的读书人,而且他们也不会被打扰。一个城市里有一家这样的书店就够了,何况在北京还不只这一家。

5. 旧建筑

北京的变化太快了,那些小胡同、小街说不定哪天就会消失。这些都是历史的背影啊,赶紧在这些地方逛一逛,把历史留在记忆里。

6. 好听的北京话

北京话好听、标准、有文化味儿,那种味儿是外地人怎么学也学不会的。

第八课

访友之行

周先算是发财[1]了，在城里开了一家不大不小的店，店里雇了几个外地姑娘，他年轻的老婆把店里管理得井井有条[2]，像模像样[3]的。他还在银行里有一笔不小的存款[4]。房子、车子他也都有了。这是他离开南部小城，来到省会[5]之后奋斗了七年的成果，他算得上[6]成功人士了。离开小城以后，他还从来没有回去过，他想，不混出个样子来决不回去。现在，他有了一定的经济实力[7]，可以回去看看朋友了。他想象着老同学们羡慕的眼神，心里很是舒畅[8]。也许这是虚荣[9]心在起作用，不过，这样的虚荣心是任何一个男人都会有的，不必为此而感到惭愧。也许，这也可以说是男人的事业心吧。出发前，老婆开玩笑说："南部又不是你老家，回去干什么？莫非[10]那里有什么老相好[11]？"他知道说也说不清楚，于是挥挥手就走了。

到了南部，他第一个找的是姚清。姚清是他在南部结识[12]的第一个好朋友。有段时间他俩老在一起，或者干些有意义的事，比如说为文学社印刊物[13]，组织聚会[14]；或者干些无聊的事，比如说联手[15]找些赚钱的事，访问某位姑娘。姚清对找女孩子之类的事格外[16]内行[17]，虽说周先对这种事没多大兴趣，可内心却十分佩服[18]姚清这本事[19]——他能跟任何一个姑娘聊上10分钟后，就成为仿佛认识了10年的老朋友。姚清算得上多才多艺[20]，写得一手[21]好字，还会画上两笔，有时也写写诗歌。两人兴趣相投[22]，就办起了文学社，吸引了一帮[23]年轻人。不久，文学刊物的第一期就出来了，后来越办越红火[24]。

现在，姚清在县城新区开了一家装潢[25]店，他一看到周先就跑出来握住他的手："这么多年没来，你没把我们给忘了吧？"他们在店里聊了一会儿，姚清叮嘱[26]伙计[27]看好店，就骑上摩托车，带上周先一溜烟[28]地走了。两人来到旧城区找到杨苹。杨苹那时也是文学社成员[29]，现在经营着一家花店。三人碰面后，就商量着去吃饭。姚清又打电话约高依玲。说到高依玲，周先就有点儿心跳[30]。也怪，离开南部后，他很少想过南部，可一回南部，他就分外[31]想念从前那些日子和那些人，特别是高依玲。

三个人进了一家叫“味美”的火锅店，在二楼包间[32]里坐下，服务员小姐送上当地名茶。他们正在品茶，高依玲就来了。“嗨，周先！真是稀客[33]！”高依玲从前就是个挺漂亮的女孩子，现在看上去还是没变。周先倒是一愣，一时说不出话来。旁边的杨苹问：“你那位呢，怎么没来？”高依玲说：“陈海到省城开会去了。”姚清对周先说：“陈海现在当了常务[34]副县长。”周先说：“恭喜恭喜，高依玲，今天该你请客吧？”“那没说的，你回来了嘛。”

因为喝了很多啤酒，吃的又是地地道道的川味火锅，所以尽管屋子里开着空调，几个人还是感到浑身热气腾腾[35]。姚清提议[36]说：“吃过饭到‘小世界’去玩儿玩儿吧。”杨苹和高依玲都反对，一起责备[37]姚清：“你这家伙[38]，怎么老想到那里去，那是我们女人去的地方吗？也不怕你老婆知道了？”这一说，周先也明白那“小世界”是什么地方了，连忙摇头：“算了，算了，我可不去。”姚清对杨苹她们说：“你们别把人家周先给吓坏了，他在省城，什么没见过。”杨苹说：“人家不像你，变得这么坏。”最后还是高依玲发出邀请：“干脆上我家去，唱歌跳舞都行，有你们玩儿的。”杨苹和周先都说那样最好不过了。于是几个人叫了一辆出租车到高依玲家去。

高依玲家很宽敞，客厅像个小舞厅，摆设[39]也很高雅[40]。墙上挂着一些本省著名书画家的字画，落款[41]中有好多是周先熟悉的名字。从前陈海只是个中学教师，在文学社默默无闻[42]，他爱好书画，有时也给他们编的刊物画些插图[43]，如今可是有地位的人了。想想，若是一个小教师，去向这些名人求字求画儿，人家会理睬[44]你吗？

高依玲家的音响[45]设备效果很不错，屋里很快就热闹起来。姚清在那里唱一首流行歌，听上去还真有点儿专业水平。周先忽然觉得有点儿醉意，刚才喝的啤酒开始起作用了，眼前晃动[46]的杨苹、高依玲好像似真似假的身影，姚清的歌声也变得很遥远[47]。八年前，他和这两个女人中的一个谈起了恋爱，假定[48]那年没发生那些烦心的事，也许他和她早已结婚生子，成家[49]过日子了。“那是两个好姑娘啊。”姚清说。他鼓动[50]周先去追一个。周先对高依玲更有好感一些，因为她身上有一种气质[51]，到底是什么，周先也分辨不清楚，而且他也看出高依玲对他有好感。当时文学社办得有声有色[52]，社会影响也越来越大，县长还专门约他谈过一次，说以后让他到县政府去当县长助理[53]。可惜，后来这件事发展得并不顺利，他一气之下[54]，就离开了这个地方。现在回想起那些日子，他觉得人生真是难以预测。他以为现在自己在省城有了一份产业[55]，回南部肯定会让人羡慕的，可是连当年默默无闻的陈海也当了副县长，相比之下，自己这点儿成功又算什么呢？他感到有点儿惆怅[56]。姚清把话筒[57]递过来让他唱歌，他正在推辞[58]，高依玲给他端过来一杯热茶，对姚清说，他有点儿醉了，让他歇会儿，我来唱吧。高依玲在一边唱，姚清和杨苹在一边跳舞。周先品着热茶，茶的清香渗[59]进了心里。高依玲唱的是以前的一首老歌，这首歌使他心里涌[60]起一股热流[61]，唤[62]起了他对青春时光的回忆。虽然这歌词并不是一首好诗，却给人一种纯净[63]的感觉。当初他们办文学社，聚会，讨论社会问题，谈恋爱，谈远大[64]理想，那是多么让人留恋[65]的美好时光！可是，现在一切都一去不返[66]了。

高依玲唱完，过来请周先跳舞。以往[67]，他们是不大跳舞的，总是一大群人热热闹闹地讨论问题。现在他们俩却互相搂着，在音乐中移动着脚步。以前他们谈过多长时间的恋爱？不过就一年吧。在那个年代，所谓谈恋爱，只是去看看电影，至多[68]是互相亲吻[69]一下，也没别的什么。然而，到了省城之后，特别是跟别的女孩儿谈恋爱之后，他有时也会想起高依玲，想起她的纯洁[70]，她苗条[71]的身材[72]。现在，她就在自己怀里，这让他觉得如在梦中。

一直玩儿到深夜，大家都很尽兴[73]。高依玲说："周先你住'梁园'吧，离这儿不远。"姚清和杨苹都说："梁园不错，高依玲你把周先送过去吧。"高依玲说："反正离这儿近，我送他去，你们回家吧。"周先还想推辞，但高依玲他们已经出门了。

几个人在街口热热闹闹地告别后，就只剩下他们俩。其实周先挺希望这样的，他觉得自己有一种不能说出来的想法，那就是：这次回南部，要见见高依玲。现在有了单独相处的机会，可说些什么呢？他们沿着树影往前走。周先问："你们孩子多大了？"高依玲说："快上小学了，现在在姥姥家。你的呢？"周先笑了："才三岁，请保姆看着。"高依玲又问："你现在怎么样，挺好的吧？"周先说："还行，混日子[74]吧。"高依玲看了看他："怎么这样说？以前你可不这样说话。"周先回答："老了，哪敢提以前的事。"两人无声地走着。

周先又开口说："南部变了很多，挺不错的。"

"是吗，可是你并不留恋这里。"

"没办法才走的。"

"如果你当初能进政府部门当县长助理，可能就不会走了。"

"我不是干那个的料。"

"不过你现在干得也挺好的。"

周先说："到了省城才发现自己还有做生意的才能。"高依玲说："那看来你离开这里是对的。”两人又不说话了。过了一会儿，周先又说：“好久没呼吸过这么清爽[75]的空气了。”高依玲笑了：“说说你们那里的事吧，我是小地方的人，没见过世面，想听听大地方的事。”

“还不是一样，人人忙着挣钱，挣了钱就吃喝玩乐。”

“那倒也是。小小的南部县城，大大小小的娱乐城[76]就有30多家，还有一大群漂亮小姐。”周先说：“谁养着她们？”高依玲说：“谁？有权有势[77]的人呗。”周先说：“你这可不像县长太太说的话。”高依玲说：“什么太太，你别这样跟我说话，要伤害我也用不着这样。”周先知道自己说错了，赶紧过去拉她的手，他本来没想到要去拉她的手，可不由自主就这样做了。高依玲靠在他的胸前，哭了。周先内疚[78]地摸着高依玲的头发，轻声说：“对不起。”高依玲抖动得更厉害了：“你现在才对我说对不起！”

周先给高依玲买了一盒冰激凌回来，高依玲的情绪已经平稳[79]下来了。

梁园到了。周先没进去，执意[80]要先送高依玲回家，高依玲只好同意了。她的高跟鞋敲打着地面，发出清脆的声音。

（选自《小说月刊》2001年第9期，作者丁德文，有改动）

生词

1. 发财		fā cái	获得大量钱财。	
2. 井井有条		jǐngjǐng yǒu tiáo	非常有条理，整齐。	
3. 像模像样		xiàng mú xiàng yàng	达到一定标准；看起来不错。	
4. 存款	（名）	cúnkuǎn	积存的钱；放在银行的钱。	丁
5. 省会	（名）	shěnghuì	省政府的所在地。	丁
6. 算得上		suàn de shàng	可以认为是，可以看作。	
7. 实力	（名）	shílì	实在的力量，实际能力。	丁
8. 舒畅	（形）	shūchàng	心里舒服愉快。	丙
9. 虚荣	（名）	xūróng	表面上的光荣、体面。	
10. 莫非	（副）	mòfēi	表示猜测；难道。	
11. 相好	（名）	xiānghǎo	情人。	
12. 结识	（动）	jiéshí	结交，认识。	
13. 刊物	（名）	kānwù	刊登着文章、图片的定期或不定期出版物。	丙

14. 聚会	（动）	jùhuì	聚集在一起活动。	丁
15. 联手		lián shǒu	联合在一起；合作。	
16. 格外	（副）	géwài	特别。	丙
17. 内行	（形）	nèiháng	对某个专业或行业很熟悉，很了解。	丁
18. 佩服	（动）	pèifú	感到对方有能力，可敬。	丙
19. 本事	（名）	běnshi	本领。	乙
20. 多才多艺		duō cái duō yì	有多方面的艺术才华。	
21.（一）手	（量）	shǒu	用于某些技能、手艺。	
22. 相投	（形）	xiāngtóu	感情、兴趣合得来，融洽。	
23. 帮	（量）	bāng	用于成群的人。	
24. 红火	（形）	hónghuo	兴旺，热烈。	
25. 装潢	（动）	zhuānghuáng	装饰房屋物品，使美观漂亮。	
26. 叮嘱	（动）	dīngzhǔ	说明要求，希望按照要求做；嘱咐。	丁
27. 伙计	（名）	huǒji	在店里工作的人。	丁
28. 一溜烟	（副）	yíliùyān	形容离开的速度很快。	
29. 成员	（名）	chéngyuán	组织、团体、家庭中的一个。	丙
30. 心跳		xīn tiào	感到紧张。	
31. 分外	（副）	fènwài	特别。	丁
32. 包间	（名）	bāojiān	饭店等公共场所中单独的一间。	
33. 稀客	（名）	xīkè	不经常来的客人。	
34. 常务	（形）	chángwù	处理日常事务的。	丁
35. 热气腾腾		rèqì téngténg	热气很多的样子。比喻情绪很高。	
36. 提议	（动）	tíyì	提出主张，建议。	丙
37. 责备	（动）	zébèi	批评。	丙
38. 家伙	（名）	jiāhuo	用来指人，带有亲热或轻视的语气。	丙
39. 摆设	（名）	bǎishe	摆放在家里的装饰物品。	
40. 高雅	（形）	gāoyǎ	不俗气，优美好看。	
41. 落款	（名）	luòkuǎn	在信件、书画作品的最下边的署名。	
42. 默默无闻		mòmò wú wén	不出名，没有名气。	
43. 插图	（名）	chātú	加插在文章、书中的图画。	
44. 理睬	（动）	lǐcǎi	对别人的招呼、行动表示态度。	丁
45. 音响	（名）	yīnxiǎng	指加强声音效果的机器。	丁
46. 晃动	（动）	huàngdòng	摆动，摇晃。	
47. 遥远	（形）	yáoyuǎn	很远。	丙
48. 假定	（动）	jiǎdìng	假如，如果。	丁
49. 成家		chéng jiā	成立家庭，结婚。	
50. 鼓动	（动）	gǔdòng	鼓励，推动。	丙

51. 气质	(名)	qìzhì	由性格、思想、感情等综合形成的风格。	
52. 有声有色		yǒu shēng yǒu sè	很生动热闹，很精彩。	丁
53. 助理	(名)	zhùlǐ	协助主要人员办事的一种职务。	丁
54. 一气之下		yí qì zhī xià	在非常生气的情况下。	
55. 产业	(名)	chǎnyè	指房屋、工厂、店铺等财产。	丁
56. 惆怅	(形)	chóuchàng	感到难过、不如意。	
57. 话筒	(名)	huàtǒng	说话、唱歌时使用的传声器。	
58. 推辞	(动)	tuīcí	不接受别人的邀请；拒绝。	丙
59. 渗	(动)	shèn	液体慢慢地透过。	丁
60. 涌	(动)	yǒng	水大量地冒出来；大量地、很快地出现。	丙
61. 热流	(名)	rèliú	温暖的感觉。	
62. 唤	(动)	huàn	叫唤；引起。	丙
63. 纯净	(形)	chúnjìng	纯洁，干净。	
64. 远大	(形)	yuǎndà	长远的，伟大的。	丁
65. 留恋	(动)	liúliàn	怀念，舍不得。	
66. 一去不返		yí qù bù fǎn	离开，不再回来了。	
67. 以往	(名)	yǐwǎng	以前，过去。	丁
68. 至多	(副)	zhìduō	最多；最大程度。	丁
69. 亲吻	(动)	qīnwěn	吻。	
70. 纯洁	(形)	chúnjié	非常干净的，没有杂质的。	丙
71. 苗条	(形)	miáotiao	身材细长好看。	
72. 身材	(名)	shēncái	身体的外形。	丙
73. 尽兴	(动)	jìnxìng	兴致得到了满足。	
74. 混日子		hùn rìzi	马马虎虎地工作、生活。	
75. 清爽	(形)	qīngshuǎng	新鲜，凉爽。	
76. 娱乐城	(名)	yúlèchéng	供人们休息娱乐的地方。	
77. 有权有势		yǒu quán yǒu shì	有权力，有地位。	
78. 内疚	(形)	nèijiù	抱歉，感到对不起。	
79. 平稳	(形)	píngwěn	稳定，平静。	丁
80. 执意	(副)	zhíyì	坚持自己的想法，不改变。	

专名

周先	Zhōu Xiān	人名。
姚清	Yáo Qīng	人名。
杨苹	Yáng Píng	人名。
高依玲	Gāo Yīlíng	人名。
梁园	Liáng Yuán	饭店名。

词语、句式例释

1. 不混出个样子决不回去。（紧缩句知识）

这个句子的意思是：如果不混出个样子来，就决不回去。这种句子的谓语部分有两个谓语，它们之间存在着因果、假设等关系，由于中间没有语音上的停顿，因此形式上看起来像单句，但表达的却是复句的内容。这样的句子可以看作由复句紧缩而成，叫紧缩复句。

大多数紧缩复句可以扩展为一般复句。如：

(1)你不去我也不去。（如果你不去，我也不去。）

(2)多读多练才能记住。（只有多读多练，才能记住。）

(3)你说了就得算数！（你既然说了，就得算数。）

(4)我在商场找不到你就回来了。（因为我在商场找不到你，所以就回来了。）

(5)不见不散！（如果没见面，就等着，别离开。）

(6)周先知道，这些事说也说不清楚。（这些事即使说，也说不清楚。）

2. 莫非那里有什么老相好？

"莫非"用在反问句中，表示猜测或反问，与"难道"表达的意思差不多。相比之下，"莫非"猜测的语气较重，"难道"反问的语气较重。如：

(1)他今天没来，莫非又病了？

(2)莫非你连这样的道理都不懂？

(3)今天怎么这么冷？莫非会下雪？

(4)你对那个地方这么熟悉，莫非你跟那个地方有什么关系？

(5)这么简单的道理，难道你不懂？

(6)难道你连我也不相信？

3. a. 他算得上成功人士了。

b. 姚清算得上多才多艺，写得一手好字，还会画上两笔，有时也写写诗歌。

"算得上"表示"可以被看作""可以被认为"。否定式是"算不上"。如：

(1)小文的个子在班里算得上最高的。

(2)在我国，上海算得上是经济最发达的城市之一。

(3)这篇作文算得上是最好的了。

(4)我算不上什么专家，只是对这个问题有兴趣而已。

(5)她可算不上什么内行，只是对这方面有点儿了解。

4. (姚清)写得一手好字。

量词"手"一般用在技能(用手操作的)、本领方面。如：

(1)他做得一手好菜。

(2)他练了一手好枪法。

(3)我爷爷有一手绝活：捏面人。

(4)他这手擀面的手艺在当地是出了名的。

5. a. 你没把我们给忘了吧？

b. 你们别把人家周先给吓坏了。（“把……给……”句式）

一些“把”字句中，“把……”后可以带助词“给”，这是一种口语形式，意思与不带“给”的句子基本相同。如：

(1)我把钱包给丢了。

(2)老师把我给批评了一顿。

(3)弟弟把果汁给弄洒了。

(4)他把这事给忘了。

(5)他把手机给落在公共汽车上了。

6. 姚清说：“你们别把人家周先给吓坏了，他在省城，什么没见过。”杨苹说：“人家不像你，变得这么坏。”

“人家(rénjia)”是代词，多用在口语中。它有下面几种用法：一、用来泛指别人，即指对话双方以外的不确定的人；二、可以指称对话以外、并在上文提到的人；三、放在指人或单位的名词前，使语气生动；四、称说话人自己。如：

(1)文章写出来是给人家看的，要写得通俗易懂。（泛指别人）

(2)人家不是已经告诉你了吗，今天他不来了。（指“他”）

(3)人家小兰跑得多快！（指小兰）

(4)你瞧，我都拿不了了，你也不帮帮人家。（指说话人自己）

7. 姚清在那里唱一首流行歌，听上去还真有点儿专业水平。

固定短语“听上去”“看上去”表示根据听到和看到的情况判断。注意，“听上去”“看上去”前面的主语必须是被听到、被看到的人或事物，而不是发出“听”“看”动作的人。如：

(1)他说的话听上去有点儿道理。

(2)这个城市看上去变化不大。

(3)听上去，他还有点儿犹豫，没下最后的决心。

(4)高依玲从前就是个挺漂亮的女孩子，现在看上去还是没变。

8. 所谓谈恋爱，只是一起去看看电影，至多是互相亲吻一下，也没什么别的。

“至多”是副词，表示最大限度，在语义上，常常指向数量、时间、距离等，也表示最大的可能性。如：

(1)爸爸对我也没办法，至多把我批评一顿。

(2)我至多等你一个小时，你不来我就走了。

(3)我至多可以给你一千块钱，你看够不够？

(4)没关系，她们至多就是嘲笑我一下，还能怎么样？

(5)我至多只能帮你打下手，主要的工作还得你自己完成。

9. 高依玲说："谁？有权有势的人呗。"

语气助词"呗"用在陈述句的末尾，表示"道理很简单，不说也清楚"，也表示"不要紧"或"无可奈何"的语气。如：

(1)我还能有什么事？找你随便聊聊呗。

(2)没车就走着去呗。

(3)你问我明天上午干什么？明天是星期三，上课呗。

(4)你不想去？不想去就不去呗。

(5)他要走？走就走呗。

练 习

一、熟读下面的词语，并选择其中合适的完成下面的句子：

有声有色	经济实力	分外想念	难以预测	一手绝活	责任心
有权有势	国家实力	分外高兴	难以估计	一手好枪法	事业心
有得有失	很有实力	分外亲热	难以解释	一手好字	虚荣心

1. 老朋友分手十年了，大家久别重逢，互相拥抱，____________________。
2. 他从小就随父亲练习书法，到中学，他已经练出了____________________。
3. 她常常提起自己的富裕家庭，故意显示父母的地位，大家都不喜欢她的__________。
4. 我们彼此间的误会太多了，我觉得在目前的情况下____________________。
5. 这家公司部门齐全，员工素质较好，在同行的竞争中____________________。
6. 他很有能力，把运动会办得______________________________。

二、写出下列词的同义词：

舒畅（　　）　　清爽（　　）　　鼓动（　　）

内疚（　　）　　莫非（　　）　　分外（　　）

责备（　　）　　预测（　　）　　提议（　　）

纯净（　　）

三、给下面的动词加上合适的宾语：

留恋______　　责备______　　结识______　　理睬______

鼓动______　　叮嘱______　　佩服______　　预测______

四、成语填空：

多（　　）多艺　　像（　　）像样　　井井有（　　）　　一去不（　　）

恭喜发（　　）　　默默无（　　）　　热气（　　）（　　）　　有声有（　　）

五、用指定的词语完成句子：

1. 最近他老不愿意跟我见面，______________________________？（莫非）
2. 他会画画儿，会吹笛子，而且歌也唱得很好，____________________。（算得上）

3. 他做得一手好菜，______________________________。（佩服）
4. 这个商店的服务态度很好，商品的质量好，价格也不高，____________。（红火）
5. 他最近骑自行车被警察罚了款，________________________。（一气之下）
6. 他组织活动的能力很强，__________________________。（有声有色）
7. 我为了表示谢意，想送给他一点儿东西，可是__________________。（执意）
8. 星期天没有课，______________________________。（或者……，或者……）
9. 你想让我帮你练练口语？____________________________。（没说的）
10. 你以为我不知道这是谁写的？我当然知道啦，____________________。（呗）
11. 老同学分别三年了，今天在餐厅里见面，______________________。（分外）
12. 我看他年纪不大，___________________________________。（至多）

六、解释下面画线的词：

1. <u>人家</u>都走了，你怎么还在这儿？
2. 你误解了小李，还不向<u>人家</u>道歉？
3. 东西那么多，我都提不动了，你还不帮帮<u>人家</u>！
4. 周先第二天就回了<u>省城</u>。
5. 他叮嘱<u>伙计</u>看好店，就走了。
6. 莫非他在那里有个<u>老相好</u>？
7. <u>你那位</u>怎么没来？

七、根据下列句子的意思，改用紧缩句表达：

1. 要是你不想看，就把票给小周吧。
2. 我宁可饿死，也不向他借钱。
3. 你既然错了，就应该主动承认错误。
4. 你即使不告诉我，我也知道。
5. 无论我怎么解释，她也不相信。
6. 如果明天不下雨，我们就去爬山吧！

八、根据下列句子的意思，改用"把……给……"的句式来表达：

1. 那个杯子，我打碎了。
2. 你的自行车，我丢了。
3. 这不是真的，他骗了你。
4. 父亲送走了孩子。

九、修改下面的句子：

1. 他老婆把那个小店管理得很井井有条。
2. 你这么多年没来，你把我们没忘记吧？
3. 他们俩在店里聊天儿了好一会儿。
4. 周先觉得自己有点儿醉了，姚清的声音也变了很遥远。
5. 他那时还很年轻，常常聚会朋友。

6. 他有了存款，买了车，买了房子，他觉得自己的愿望得到了。

十、选择合适的词语填空：

（留恋、多才多艺、默默无闻、涌、舒畅、股、鼓动、尽兴、一手、理睬）

1. 他长得很一般，也不太爱说话，没有什么特点，是个（　　　　）的人。
2. 那个女孩儿太漂亮了，我不敢追她，可小王（　　　　）我，说我有足够的条件去追她。
3. 他唱歌唱得很好，还会写诗歌、演戏，算得上（　　　　）。
4. 这次考试考得不错，我的心情特别（　　　　）。
5. 小时候，我有很多好朋友，我们经常一起学习，一起玩儿，那些美好时光真是使人（　　　　）。
6. 我进门时，她正在看电视，我跟她打招呼，可她可能还在生我的气，根本不（　　　　）我。
7. 本来我已经绝望了，可是她对我这么亲切，使我心里（　　　　）起了一（　　　　）热流，我觉得自己还有希望。
8. 我们玩儿了一整天，大家都很（　　　　）。
9. 他苦练了三年，现在写得（　　　　）好字。

十一、排列句子顺序，组成语段：

1. a. 莫非他真的什么都不知道
   b. 瞧他那一脸平静的样子
   c. 我不由得想
   d. 可是，这么大的事
   e. 他怎么能不知道呢

2. a. 也办不了什么大事
   b. 至多只能开个小饭馆
   c. 我就挣了这么点儿钱
   d. 只能做点儿小生意
   e. 可我已经满足了，至少我还有个活路

3. a. 就不结婚
   b. 不挣够一百万
   c. 他小时候常常看见父母因经济问题而吵架
   d. 从那时候起他就下了决心
   e. 他不想再过穷困的生活了

4. a. 现在看上去还是没变
   b. 高依玲从前就是个挺漂亮的女孩子
   c. 其他同学看上去也没多大变化
   d. 大家都不是当年的那种爱讨论问题的年轻人了
   e. 而实际上

十二、用下列常用词语造句：

1. 至多
2. 理睬
3. 格外
4. 留恋
5. 内行

十三、讨论题：怎么样才算成功？成功的标准是什么？

阅读课文

单身青年的生活和交友状态

我们这次调查，是针对北京、长春、武汉、上海、深圳等十个城市的一千名单身青年进行的。这些单身青年的特点是：不仅没有结婚，而且也还没有恋人，女性年龄在27岁以上，男性年龄在30岁以上。

我们调查的第一个题目是："目前单身的状况给您带来什么影响？"调查结果是：经常觉得空虚和寂寞的排到第一位，占46%；认为单身比较自由潇洒的占28%，这部分人没有因为没有恋人或者没有结婚而感到不自在，活得比较自在潇洒；觉得单身没有什么影响的占18%；因为单身而感到有强烈失败感的占8%。以上调查结果中，对单身感觉不好的两部分人所占比例相加是54%。这说明，在单身朋友当中，有一半多的人由于没有结婚或者没有恋人而感到生活空虚，甚至有强烈的失败感。可以看出，这部分人希望结婚，希望有一个好的、固定的恋人。

第二个调查的题目是："您以前都参加过哪些形式的相亲活动？"这是一个多选题。现在，社会上提供的交友和相亲形式五花八门，从电视广告到公司的各种交友活动、亲朋好友的介绍等。这一千名青年最常用的交友和相亲形式是"介绍相亲"，占92%，高居榜首，一般都是通过亲戚朋友介绍；"活动相亲"是指参加电视台"8分钟见面"、社会上的"交友沙龙"等，占22%，这个比例也不低，将近1/4，这种方式是现代生活的新产物；"通过征婚相亲"的占17%，这是通过网络、报纸或婚姻介绍所等媒介进行征婚的，这部分朋友是最急于结婚的。

从以上的调查结果我们可以看到，还是传统的亲朋好友介绍的相亲形式占了最高比例，这种方式确实有自身的优势：介绍人对双方知根知底，同时，因为有亲友介绍，互相也比较信任，这样成功率就比较高，另外，这种形式也比较方便。

第三个调查的题目是："您认为自己单身最主要的原因是什么？"从被调查者的回答来看，主要有以下几种情况：第一，过于追求完美；第二，太忙或社会交际圈太小，接触异性的机会少；第三，物质条件不够。

最后的调查题目是:"您觉得婚姻在你们一生中重要吗?"让我们看看调查结果:认为非常重要的占72%,认为不太重要的占23%,只有少数人认为完全不重要。也就是说,现代的大多数青年人仍然保持着传统观念,认为婚姻在一生当中非常重要。

第九课

“高薪养廉[1]”与“缘木求鱼[2]”

许多人认为，掌管[3]高级权力或要害部门的国家官员[4]，特别是司法[5]官员，应该有高于一般公务员薪水[6]的待遇。这样做，有助于培养国家官员的廉洁[7]精神，有利于他们更公正、更无私地执行公务。我想，主张“高薪”可以或者可能“养廉”的人，其根据不外乎[8]这样两个方面：一、有了高薪，那些地位高的公务员就可以有较高的生活水准[9]，衣食无忧[10]，就不会见钱眼开[11]、见利忘义[12]，就会按法规[13]、政策办事；二、有了高于一般人的薪水，就可以使那些高级官员对自己的职务[14]有较强的自豪[15]感、光荣感，从而更加热爱自己的工作、珍惜自己的工作地位，不会轻易地利用手中的权力追求私利、贪污[16]受贿[17]，否则就会有失去这个职务的危险。还有别的理由吗？如果有，恐怕也不多了。

听起来，以上两个理由似乎有一定的道理。可是这两个理由靠得住吗？我认为是靠不住的。下面阐述[18]我的观点。

先说说上面的第一条理由。一般人认为，薪水高了，生活水准也高了，掌管各种权力的官员们也就满足了，就会认认真真地按国家规定、按政策办事，因此就能防止腐败[19]行为的发生。我认为，这是对人性[20]的误解。正如俗话所说的那样，“人欲无边蛇吞象”①，人的欲望[21]是难以满足的。一个人，尤其是那些已经得到了实惠[22]、对金钱的力量有过体验的官员，其对金钱的占有[23]欲[24]是难以满足的。我们从报纸上可以看到，各国都有一些贪官[25]，他们住着漂亮的房子，开着豪华的轿车，银行里有几十万、上百万的存款，可是他们还是不满足。难道他们是衣食有忧吗？绝对不是。他们是欲望太大了。最初他们做这类事情还小心翼翼、战战兢兢[26]，拿个红包[27]都会脸红、手颤[28]。也许他们也想过：“只做一次，下不为例[29]。”可后来呢？胆子越练越大，脸皮[30]越磨越厚，手越伸越长，万金到手而脸不变色心不跳。按照“高薪”可以“养廉”的逻辑[31]，那些做过一两次“手脚”[32]的高官早已得到了利益，衣食已经无忧了，就不应该再做腐败的事了。可实际情况是，高官当中[33]连续犯罪的并不少，而且有很多人贪污的金额[34]数量巨大。印度的

《摩奴法典》②中有一句话："欲望绝不会因为得到所期望的事物而满足，撒上酥油[35]的火，只会烧得更旺[36]。"

再谈谈"高薪养廉"的第二条根据。这一条根据是：薪水高自然会使那些官员更加珍惜自己的职务，因此也就不会轻易去做可能失去官位的事。这一条根据站得住脚吗？我认为也是站不住脚的。有了高薪，虽然可以让他们珍惜自己的职务，但却不能防止他们擅自[37]利用手中的权力去追求私利。因为，对一些人来说，珍贵的东西固然不想失去，但有了可以利用的机会还是会去冒险。我可以举一个有力的证据[38]：人生中，相对于职务，生命不是更值得珍惜吗？生命只有一次。做了非法[39]的事，如果被发现，会以生命作为代价[40]，可那些人照样做那些冒险[41]的事。生命的危险都可以去冒，可想而知[42]，还有什么危险的事不敢去做呢？而且，第二条根据要真正发挥作用，还需要非常有力的监督[43]制度、惩罚制度来保证，否则你怎么能查出他有违法[44]行为？你怎么惩罚他？我们要是具备了有力的监督和惩罚制度，不就可以直接防止腐败行为的发生，从而达到使官员廉洁的目的了吗？这样，也就不需要用"高薪"来"养廉"了。

下面，我还可以补充[45]高薪养廉靠不住的几条理由。一、薪水，即使是高薪，与贪污受贿的所得[46]相比，也是根本不成比例的。比如说，一个级别较高的公务员，其月薪是两千多元。你把月薪给他提高一倍、两倍，也不过六七千元，他就满足了，就不再做非法的事了吗？这是不太可能的。他随意地利用一下权力，一天之内的收入就可能比这个数目多得多。而且，薪水再高他也认为那是合理的，是他的劳动所得，没有额外[47]的、灰色的收入，这些人是不会安心的，"马无夜草不肥，人无外财不富"③嘛。二、"高薪养廉"违背了公平原则。如今地位高的公务员的工资收入已经高于社会平均收入水平。注意，这里说的仅仅是"工资收入"，尚未加上他们所得到的合法[48]的相关[49]待遇。如果再加薪的话，就会使这种不平衡[50]加大，使社会贫富差距更大，违背了按劳取酬[51]的社会分配原则。三、高薪可能会引起更多的腐败。将公务员的工资、待遇提得过高，就会使更多的人想尽办法往这个队伍里挤，有些人就会采取种种不法[52]手段、各种贿赂[53]方式来达到目的。这就可能造成更多的腐败机会。

综上所述，我认为，"高薪养廉"实际上是"缘木求鱼"，是靠不住的，可以依靠的只能是法律和制度。法律完善[54]、公正了，就会使人有所畏惧[55]，就会提醒官员们依法[56]办事。廉洁怎么能"养"出来呢？廉洁是治理[57]出来的。

（选自《北京青年报》，作者张济，有改动）

注　释

① **人欲无边蛇吞象**

是一句俗语，意思是：人的欲望是很大的，大得就好像蛇希望把大象吞进肚子里一样。

② **《摩奴法典》**（Mónú Fǎdiǎn）

古印度有关宗教、哲学和法律的汇编典籍之一，传说由人类始祖摩奴制定。

③ **马无夜草不肥，人无外财不富**

是一句俗语，意思是：如果晚上不给马再加一次草，马就不会肥壮；而人如果没有额外的收入，也不会很富裕。

生　词

1.	高薪养廉		gāo xīn yǎng lián	用提供高薪水的办法来培养廉洁精神。	
2.	缘木求鱼		yuán mù qiú yú	爬到树上去找鱼，比喻方法、方向完全不对。	
3.	掌管	（动）	zhǎngguǎn	掌握和管理。	丁
4.	官员	（名）	guānyuán	担任政府部门一定领导职务的人。	丁
5.	司法	（动）	sīfǎ	依法对社会各种案件进行调查、审判。	丁
6.	薪水	（名）	xīnshuǐ	工资。	丁
7.	廉洁	（形）	liánjié	指官员清白，不利用权力贪图不属于自己的钱财。	丁
8.	不外乎		bú wài hū	不超过某个范围。	
9.	水准	（名）	shuǐzhǔn	水平，标准。	
10.	衣食无忧		yīshí wú yōu	不用为生活问题担忧。	
11.	见钱眼开		jiàn qián yǎn kāi	看到钱就很高兴。形容人非常贪财。	
12.	见利忘义		jiàn lì wàng yì	有了私利就忘记了道德和情谊。	
13.	法规	（名）	fǎguī	法律规章。	丁
14.	职务	（名）	zhíwù	担任的工作。	丁
15.	自豪	（形）	zìháo	为自己的以及与自己有关的人、事感到光荣。	丙
16.	贪污	（动）	tānwū	利用职务上的方便非法取得财物。	丁
17.	受贿		shòu huì	利用职务的方便，接受别人的钱财，做违法的事。	
18.	阐述	（动）	chǎnshù	论述，分析。	丁

19. 腐败	（形）	fǔbài	原指食品、物体等变坏了，比喻人的道德品质变坏。	丁
20. 人性	（名）	rénxìng	人的本性。	丁
21. 欲望	（名）	yùwàng	想达到某种目的的强烈愿望。	丁
22. 实惠	（名）	shíhuì	实际的利益。	丁
23. 占有	（动）	zhànyǒu	占据，使成为自己的。	丙
24. 欲	（名）	yù	欲望。	丁
25. 贪官	（名）	tānguān	贪污受贿的官吏。	
26. 战战兢兢	（形）	zhànzhànjīngjīng	非常小心、害怕的样子。	
27. 红包	（名）	hóngbāo	原指用红纸包好的、表示吉利的钱，这里指用作贿赂的钱财。	
28. 颤	（动）	chàn	发抖。	丁
29. 下不为例		xià bù wéi lì	表示下次不能再这样办理。	
30. 脸皮	（名）	liǎnpí	是否感到羞耻的心理。“脸皮厚”意思是不顾羞耻。	
31. 逻辑	（名）	luóji	事物发展的规律；某种观点。	丙
32. 做手脚		zuò shǒujiǎo	指偷偷地做违反规定的事。	
33. 当中	（名）	dāngzhōng	之间，之内。	丙
34. 金额	（名）	jīn'é	金钱的数量。	丁
35. 酥油	（名）	sūyóu	用羊奶或牛奶做成的油。	
36. 旺	（形）	wàng	旺盛，火烧得大。	
37. 擅自	（副）	shànzì	对不在自己权力范围内的事自作主张。	丁
38. 证据	（名）	zhèngjù	用来作证明的事物，凭据。	丙
39. 非法	（形）	fēifǎ	不合法的。	丁
40. 代价	（名）	dàijià	为达到某种目的而付出的钱财、精力等。	丙
41. 冒险		mào xiǎn	做有危险的事。	丁
42. 可想而知		kě xiǎng ér zhī	可以想象到的，可以知道的。	丁
43. 监督	（动）	jiāndū	从旁边察看、注意某活动、工作的进行。	丙
44. 违法		wéi fǎ	违反法律规定。	丁
45. 补充	（动）	bǔchōng	在已有的情况下增加。	乙
46. 所得		suǒ dé	得到的。	丁
47. 额外	（形）	éwài	超过规定的数量或范围的。	丁
48. 合法	（形）	héfǎ	符合法律规定。	丙
49. 相关	（动）	xiāngguān	互相有关；与某事物有关。	丁
50. 平衡	（形）	pínghéng	几个方面保持均等、平稳。	丙
51. 按劳取酬		àn láo qǔ chóu	按照劳动者所提供的劳动数量和质量给予报酬。	

52. 不法	（形）	bùfǎ	不合法，非法。	
53. 贿赂	（动）	huìlù	把钱物送给有关人员以达到自己的不正当目的。	丁
54. 完善	（形、动）	wánshàn	完备而良好；全面地准备好。	丙
55. 畏惧	（动）	wèijù	害怕。	丁
56. 依法	（副）	yīfǎ	按照法律。	
57. 治理	（动）	zhìlǐ	管理。	丁

专　名

印度　　Yìndù　　国名，与我国相邻。

词语、句式例释

1. a. 主张“高薪”可以或者可能“养廉”的人，其根据不外乎这样两个方面。

b.（那些）对金钱的力量有过体验的官员，其对金钱的占有欲是难以满足的。

“其”是从古代汉语中保留下来的代词，在现代汉语中多用于书面语。“其”的指代意义主要为：

A. 和“他（她、它）的”“他（她、它）们的”相当，表示领属。如：

(1)一个级别较高的公务员，其月薪是两千多元。

(2)要了解一个人，就要观其言，察其行。

(3)如果你不能自圆其说，又怎么能说服别人呢？

(4)关于这件事，你只知其一，不知其二。

B. 和“他（她、它）”“他（她、它）们”“那样的”相当。如：

(5)这种问题危害极大，一定要加以控制，不能任其发展。

(6)使祖国富强是每一个国人的心愿，我们要加倍努力，促其早日实现。

(7)关于药品提价，查无其事，大家不必惊慌。

(8)对于那些有意破坏社会稳定的人，我们要提高警惕，严防其采取实际行动。

2. 有了高于一般人的薪水，就可以使那些高级官员对自己的职务有较强的自豪感、光荣感，从而更加热爱自己的工作、珍惜自己的工作地位。

“从而”是连词，用在复句的后一分句的开头，表示由于前文所说的情况或条件，带来了相关联的结果、达到了目的。“从而”的后面一般是动词性结构。多用于书面语。如：

(1)你们可以看看报纸杂志，从而了解最新的社会动态。

(2)他们互相向对方说明了自己的情况，从而消除了误会。

(3)他用实际行动证明了自己的动机，从而使许多人改变了原来的看法。

(4)王大夫发现了那种病的发病原因，从而为治好那种病提供了条件。

(5)有了你们的支持，我就更有信心，从而也能把工作做得更好。

3. 可是这两个理由靠得住吗？我认为是靠不住的。

“靠得住”是动补结构固定短语，意思是可靠，可以相信，没有疑问。“靠不住”是其否定形式。“住”在这个短语结构中作补语，有“牢固、稳固”的意思。如：

(1)报纸上的消息就一定靠得住吗？我看不一定。

(2)这个人对人比较诚恳，我看靠得住。

(3)这个调查结果是符合实际情况的，是靠得住的。

(4)这种理论的逻辑不清楚，是靠不住的。

(5)这个人靠得住靠不住，还很难说。

4. 一个人，尤其是那些已经得到了实惠、对金钱的力量有过体验的官员，其对金钱的占有欲是难以满足的。

“尤其是(特别是)……”主要是用来引进同类事物中需要强调的一个，它可以用在表示一个大类的事物的名词后面，强调这类事物中的某一个；也可以用在一个句子后边，指出上文所说的事物中突出的一个。如：

(1)掌管高级权力或要害部门的国家官员，尤其是司法官员，应该有高于一般公务员薪水的待遇。

(2)北京的公园，尤其是颐和园，面积非常大。

(3)这个饭店做的点心，尤其是蛋糕，非常受欢迎。

(4)我很爱看小说，尤其是爱情小说。

(5)这些人都很值得同情，尤其是那些老人，更值得同情。

5. (高薪)也不能防止他们擅自利用手中的权力去追求私利。

“擅自”是副词，表示对不在自己权力范围的事自作主张，用在动词或动词词组前。如：

(1)他没有经过大家的讨论，擅自作出了决定，是不对的。

(2)这件事必须请示上级，我不能擅自决定。

(3)没有学校的同意，学生不能擅自提前离开学校。

(4)她擅自修改了别人的文章，这是不对的。

(5)他擅自动用了国家的钱，从而受到了处罚。

6. 高薪与贪污受贿的所得相比，也是根本不成比例的。

“与(跟、和)……相比”，是一种比较的方式，后面一般有停顿。也可以在句中作谓语。如：

(1)今年夏天与去年相比凉快多了。

(2)与进口轿车相比，国产轿车的价格便宜多了。

(3)与你们相比，我还有很多需要努力的地方。

(4)与发达国家相比，我们的科技水平还不高。

(5)我真的还不能与你们相比，我差得太远了。

7. 这样做违背了按劳取酬的社会分配原则。

“按”是介词，与名词组合成介词短语“按……”，用在动词前面，表示遵照某种标准或依据。用法与“按照”大致相同，“按”后面的名词可以是单音节的，也可以是多音节的；而“按照”后面的名词一般不能是单音节的。如：

(1)这个工程一定要按期完成。

(2)我们要按规律办事。

(3)按老习惯，春节到来时，家家都要贴春联。

(4)我就按你说的去做吧。

(5)这里是按月发工资的。

8. 综上所述，我认为，“高薪养廉”实际上是“缘木求鱼”，是靠不住的。

“综上所述”是一个固定的表达方式，用在一段话之后作出总结，说明自己的结论，意思是：综合上面所说的意见。如：

(1)综上所述，我认为这种观点是站不住脚的。

(2)综上所述，可以看出，这个计划确实是比较科学的。

(3)综上所述，可以得出这样的结论：这项措施是符合广大人民群众的利益的。

(4)综上所述，我认为应该进一步进行深入的调查。

练　习

一、熟读下列词组，并选择其中合适的填在下面的句子里：

有助于	靠不住	越练越好	按劳取酬	擅自决定	下不为例
相对于	靠得住	越磨越厚	按规定办事	擅自处理	综上所述
高于	记不住	越伸越长	按要求去做	擅自离开	可想而知
利于	记得住	越长越高	按质量定价	擅自改变	衣食无忧

1. 一些官员的工资已经很高了，可是他们并不满足，他们的手________________。
2. 看中央台的新闻联播____________提高我的汉语听力。
3. ____________暑假，寒假的时间短多了。
4. 为了使工作顺利完成，不发生任何事故，希望大家一定__________________。
5. 这个人不太老实，他说的话________________。
6. 由于你有特殊情况，这一次我原谅你，可是______________。
7. 你必须留在这里，没有上级的批准，你不能______________。

二、画线连成最合适的词组：

动宾		主谓	
掌管	腐败	自豪感	很大
防止	权力	衣食	很多
贿赂	目的	生活水准	很高
采取	官员	顾忌	无忧
达到	手段	贫富差距	很强

三、用指定的词语完成句子：

1. 这些孩子从小到大都过着衣食无忧的生活，______________。（体验）
2. 警察要罚他的款，是因为红灯亮了他还过马路，______________。（违反）
3. 他说的这些理由我都同意，另外，______________。（补充）
4. 我很喜欢南方的城市，______________。（尤其是）
5. 这个月我很忙，除了完成自己的工作之外，______________。（额外）
6. 关于产品质量问题，我提了三点意见，______________。（综上所述）
7. 这个结论是经过认真地调查、仔细地分析才作出来的，______________。（靠得住）
8. 在找男朋友的问题上，经济条件和个人品质都需要考虑，我觉得，______________。（与……相比）
9. 我们要趁来西安学习的机会，多参观一些名胜古迹，______________。（从而）
10. 政府应该更多地宣传保护环境的重大意义，______________。（从而）

四、解释下列词语、俗语的含义：

1. 高薪养廉
2. 见钱眼开
3. 缘木求鱼
4. 马无夜草不肥，人无外财不富
5. 人欲无边蛇吞象

五、请解释下面句子中的“其”指代什么：

1. 一个级别较高的公务员，其月薪是两千多元。
2. 这个计划很好，我们都要尽自己的努力，促其早日实现。
3. 我们看一个人怎么样，不但要听其言，也要察其行。
4. 大自然有其自身发展的规律。

六、根据下面句子的意思，改用指定的词语来表达：

1. 我这一段时间都很忙，上个星期是最忙的。（尤其是）
2. 口头上说的东西是不能相信的，双方应该签订一个协议，这样才有保障。（靠不住，靠得住）
3. 她没有经过有关部门的同意，自己决定取消这个规定。（擅自）
4. 我们之间有了一些误解，我要诚恳地和他谈一谈，消除我们的矛盾。（从而）
5. 冬天，哈尔滨比北京冷得多。（与……相比）

七、选择合适的词语填空：

（相对于、误解、从而、防止、体验、违背、待遇、监督、阐述、冒险）

1. 我们要使法律和制度完善起来，（　　　）腐败行为的产生。
2. 这是个比较复杂的理论问题，可是他（　　　）得很清楚。
3. 我认为，（　　　）分数和成绩，一个人的诚实和自尊更为重要。
4. 我要说的不是这个意思，你完全（　　　）我了。
5. 人们可以充分利用自然资源，但不能（　　　）自然规律。
6. 我想当公务员，因为公务员的（　　　）比较好。
7. 应该让孩子从小（　　　）一下生活的艰难，这对他们有好处。
8. 警察常常守在十字路口，（　　　）来往的车辆和行人。
9. 这条河很宽，水又急，你体力不好，不要（　　　）。
10. 我对自己的工作越来越感兴趣，（　　　）也更加珍惜这个工作。

八、修改下面的句子：

1. 我觉得喝酒不好，尤其喝白酒不好。
2. 薪水提高了，有些人会更加珍贵自己的工作。
3. 今年我们公司的产品销售得不错，大家有了比去年高于的薪水。
4. 我们要完美国家的法律制度，使大家有法可依。
5. 这些人连生命的危险都敢冒险，还有什么事不敢去做呢？

九、用下列常用词语造句：

1. 擅自
2. 误解
3. 欲望
4. 冒险
5. 完善

十、排列句子顺序，组成语段：

1. a. 我认为高薪养廉是靠不住的
   b. 薪水，即使是高薪
   c. 也是根本不成比例的

d. 与贪污受贿的所得相比
e. 因此高薪是不可能防止腐败的

2. a. 但和发达国家人民的生活水平相比
b. 与20世纪80年代相比
c. 我国人民的生活水平高多了
d. 我们水平还是比较低
e. 需要进一步努力

3. a. 尤其是那些盲人
b. 这些残疾人都很值得同情
c. 他们看不见色彩斑斓的世界
d. 更值得同情
e. 只能凭自己的感觉去想象

4. a. 但是同时也一定要保证质量
b. 这个工程一定要按期完成
c. 完工后我们组织专家按标准验收
d. 不符合标准的
e. 要按合同中的有关规定处理

5. a. 有些人认为有这种可能性，有些人则不同意
b. 综上所述
c. 对这个问题
d. 我认为需要进一步进行深入的调查
e. 还有些人提出了一些新的看法

6. a. 由于政府大力救济
b. 去年湖南地区发生了水灾
c. 从而保证了灾区人民的正常生活
d. 广大群众积极协助

十一、讨论或辩论：你认为高薪养廉有没有道理？

（正方：应该实行高薪养廉。反方：高薪不可能养廉。）

十二、写一篇驳论文。可以选择下面的题目：

1. 有些人认为看电视对孩子的成长不好。
2. 妇女最好不做社会工作，只留在家里照顾家庭。

阅读课文

关于腐败的一些问题

联合国统计的一组数据表明："政府的腐败"每年都要使全世界损失大约六千亿美元的资金。也就是说，每天，当我们送走夕阳的时候，世界上的腐败官员就从各个国家的金库里偷去了16.4亿美元。这些钱如果用于救济难民或公益事业，能发挥多大的作用啊！可惜，这些钱都装进了官僚们的钱包。

"政府的腐败"进行得这么顺利，风险和成本这么低，使越来越多的官员胆子越来越大，手越伸越长。在当代政治经济中，腐败问题已经引起人们极大的愤恨。如果你通过"腐败"一词在网上查找信息，得到的资料比任何题材的资料都多。1970年，报纸上每十条新闻中，有两条是关于腐败的，而现在，每十条新闻中，就可能有五条是与腐败有关的。

专家对腐败问题的研究发现，在每一个被发现的腐败分子背后，都有一个五个人到七个人参与的组织。而这些"参与者"，有些是个人，有些则是一些集团。

国际货币基金组织认为，在那些腐败问题尤为突出的国家，投资金额比实际上应该得到的至少下降5％，明显地表明了投资者们对这些国家的不信任和担心。世界银行的统计表明，腐败能使一个国家的经济增长率下降0.5％。

第十课

一辆自行车

陈其从大一念到大三，女朋友谈了无数。这样说未免夸张[1]了点儿。如果陈其偶尔有一个寂寞[2]宁静的午后，而且也愿意在这样一个难得的空闲时刻细心回想一下的话，还是能计算出一个比较准确的数字的，可惜他总是那么忙。至于有人因为他更换[3]女朋友的速度如此之快，给他起了个“半月谈”①的绰号[4]，那就更夸张了。陈其对别人的议论表面上装[5]得满不在乎，其实还是颇感苦恼的。他并不是有意为之，可他身边就是总有女孩儿让他感兴趣，也总有女孩儿对他感兴趣，而在交往一段时间之后，他也总能发现不得不分手的理由，当然，有时是由对方提出分手的。

一个月色美好的秋夜，在与不知道第几任[6]的女朋友在校外那条寂静[7]的小路上道别后，陈其突然感到非常非常疲倦。他独自在小路上散了两个小时的步，终于下了决心：到此为止了！他对着天空赌咒[8]发誓[9]，三十岁以前决不再交什么女朋友了。

可陈其完全没有料到，仅仅才一个月，他的誓言[10]就被那个傍晚清凉的风吹得无影无踪[11]。

事情是这样的。那天陈其骑着他在图书馆前“捡”来的一辆淡蓝色的女式[12]自行车从校外回来，把自己摔了个人仰马翻[13]，后来发生的事是他意料[14]不到的。问题出在那辆“捡”来的自行车上。就在他发誓赌咒不再交女朋友的第二天，他开始泡图书馆。在图书馆埋头看了半天书，才想起中午有个活动。他急急忙忙地收拾好书包，一出门就遭受了一个小小的打击：放在路边的自行车不翼而飞[15]了。他正恼火[16]着，瞥[17]见旁边停着一辆淡蓝色的女式车，车的锁上还挂着一把钥匙，钥匙圈上吊着一只蓝色的、非常精致的玩具拖鞋[18]。陈其犹豫了一下，但后来他想，这车没锁，也许再过一会儿就被偷走了。现在只当我是“捡”到了一辆车吧，我又没撬锁[19]，怎么能算偷呢？办完事骑回来就行了。他就这样犹犹豫豫地把车骑走了。

也许老天爷存心[20]要捉弄[21]一下陈其。他骑这辆车才骑了半天，就出事[22]了。他在下一道斜坡[23]时，刹车[24]失灵[25]了。事前他并不知道这车的车闸[26]不好，没有思想准备。车下坡时越滑越快，他刹不住车，突然轮子碰到一块高出来的小坎[27]，向旁边冲去，而前面正走着一个背着书包的女孩儿。他惊慌失措[28]地大叫：闪开[29]！闪开！可车子却像一头野兽[30]似的向那女孩儿撞去。陈其慌乱[31]中猛一扭车头，便连人带车重重地摔了下来。

陈其摔得很惨，膝盖[32]磕[33]破了，鲜血直流。女孩儿惊叫[34]一声冲过来扶他，嘴里不停地道着歉。本来陈其让女孩儿把他扶到医务所去就没事了。可是陈其在疼痛难忍时偏偏还没忘记那辆“捡”来的自行车，“这车怎么办？”陈其痛得龇牙咧嘴[35]地说。女孩儿回头一看，眼睛就瞪大了。她看看陈其，又看看车子。她这样看来看去的时候，陈其立刻明白了。这会儿，陈其情愿更惨地摔一下，摔个昏迷不醒[36]，什么也不知道。

不需要再说什么，他们从对方的表情和眼神中明白了一切。陈其羞愧难当[37]地挣脱[38]女孩儿扶着他的手，支支吾吾[39]地解释：“我、我的车被偷了，这车没、没锁，我就……”

女孩儿皱着眉头[40]，表情复杂地看着他。突然，她轻轻展开眉头笑了，大大方方[41]地说：“那我要感谢你了，老天爷是要让你代我受罪呢！要不是你，现在摔伤的就是我而不是你了。今天是星期天，我下午肯定骑车在大街上溜达[42]，那就更惨了，说不定会摔到汽车轮子下面去了。”说完女孩儿又笑了。她的笑容又单纯[43]又淘气[44]，十分动人[45]。

陈其万万没想到这女孩儿会这样说，他已经准备好接受一顿讽刺[46]或者辱骂[47]了。眼前的女孩儿居然是这样一个女孩儿，这样宽容、和善[48]，她很随意就化解[49]了矛盾，而且神态是那么自然、轻松，就像是一缕[50]轻风从你面前拂[51]过，让你紧张的神经立刻就放松了，一切都恢复到正常的状态。在去医务所的途中[52]，陈其得知女孩儿叫谭乐诗，很别致[53]的一个名字，就像她这人一样别致——有哪个女孩儿会是这样的呢？

后来，有半个月陈其走路都是一拐一拐[54]的，受着这样的罪，他反倒觉得很好，这是自己应得的惩罚，谁让自己这么鬼迷心窍[55]呢！经过一番反反复复的自责[56]反省[57]后，他渐渐平静下来。他多次想起谭乐诗的说法，也许那种后果也不是不可能的，幸好[58]自己“捡”了她的车，否则现在她有可能正在一拐一拐地走路呢。与其让她受这种折磨，他宁可把这种痛苦留给自己。

等到陈其能够正常走路后，他就有意[59]或者似乎无意地让谭乐诗在校园里“碰上”他。碰上了也就是点点头，笑一笑，陈其表现得很潇洒[60]，谭乐诗则一如既往[61]地自然、和善，一副无忧无虑的样子。可陈其还是察觉到了她内心的一丝矜持[62]和戒备[63]，这让陈其的热情受到了打击。

几天后，陈其终于没有勇气再和她“偶然相遇”了。羞耻[64]之心，人皆[65]有之。他开始回避[66]谭乐诗。其实也用不着有意回避，校园这么大，意外相遇的可能性是不大的。只是有两次远远看见她的背影，陈其就避开了。这样过了一段时间，也不知道是多久，在陈其的感觉里是很漫长[67]的了。在这漫长的时间里，陈其终于看清了自己：他爱上了那个叫谭乐诗的单纯而和善的女孩儿，他渴望看到她。他此时的种种感觉是前所未有[68]的，这是他的第一次，难道这就是真正的初恋吗？那么在此之前与那些女孩儿的“半月谈”呢？那是怎么回事？他无法对自己解释，他只知道，自己毫无疑问是真正地喜欢上一个人了。他决定要认真对待这一段感情，不再逃避。

可是，一切都好像太晚了。谭乐诗得了肝炎[69]，得休学[70]回家养病[71]，明天就要离开学校了。而这些是陈其刚刚才打听到的！他无法再见到谭乐诗，因为她现在住院了，住在医务所的传染病房里。陈其知道这些时，已经是晚上九点多了。他赶到医务所，央求值班大夫让他进去见见谭乐诗，医生连连[72]摇头，拒绝了他：“这都什么时候了，还来看病人？”医生是个胖胖的老太太，见陈其着急，还宽他的心[73]：“没事，能治好的，你明天一早再来吧，能见到她的。”最后，医生还是告诉了他谭乐诗的病房号。

陈其来到病房楼下，从谭乐诗住的房间里透出一片淡黄色的灯光，那片黄色的光暖暖的，映到楼下来，一直照进他心里，使他感到心灵[74]在逐渐净化[75]。他只有一个愿望，就是要见她。陈其默默[76]地站着，直到楼上的灯光消失。

第二天，一件突然发生的事耽误了陈其的计划。当陈其赶到医院来的时候，谭乐诗已经走了。

（选自《微型小说》2001年第9期，作者彭学军，有改动）

注释

①《半月谈》

是一本以时事、政治为主要内容，半个月出版一期的杂志。

生词

1.	夸张	（形）	kuāzhāng	夸大，说话过分，不符合实际。	
2.	寂寞	（形）	jìmò	孤独，无人陪伴。	丙
3.	更换	（动）	gēnghuàn	改变，变换。	丁
4.	绰号	（名）	chuòhào	外号。	
5.	装	（动）	zhuāng	假装，故意表现出假的样子。	
6.	任	（量）	rèn	用于担任某种职务的届数、次数。	
7.	寂静	（形）	jìjìng	安静，没有声响。	丁
8.	赌咒		dǔ zhòu	发誓，表示保证做到某事，否则会遭遇不好的事。	
9.	发誓		fā shì	表示保证做到某事，立下誓言。	丁
10.	誓言	（名）	shìyán	表示坚决做到某事的话。	丁
11.	无影无踪		wú yǐng wú zōng	没有影子，完全消失。	
12.	女式	（形）	nǚshì	适合女性用的。	
13.	人仰马翻		rén yǎng mǎ fān	人和马都被打倒的样子，形容失败，本文指摔倒。	
14.	意料	（动、名）	yìliào	估计，预测。	丁
15.	不翼而飞		bú yì ér fēi	没长翅膀却飞了，比喻突然不见了。	
16.	恼火	（形）	nǎohuǒ	生气。	丁
17.	瞥	（动）	piē	很快地看一下。	丁
18.	拖鞋	（名）	tuōxié	一般在室内穿的、没有鞋后帮的鞋。	
19.	撬（锁）	（动）	qiào	用坚硬而细长的工具使物体移动或打开。	
20.	存心	（动）	cúnxīn	故意。	
21.	捉弄	（动）	zhuōnòng	故意做使别人难为情的事。	
22.	出事		chū shì	出问题，发生事故。	丙
23.	斜坡	（名）	xiépō	高度逐渐增高或降低的地面。	
24.	刹车	（名、动）	shāchē	使车辆停止前进；也指车辆中使停止前进的部件。	丁
25.	失灵	（动）	shīlíng	不产生作用。	
26.	车闸	（名）	chēzhá	控制前进的机器部件。	
27.	坎	（名）	kǎn	地面上突出的一块。	
28.	惊慌失措		jīnghuāng shī cuò	非常慌张，不知道怎么办才好。	
29.	闪开		shǎnkāi	往旁边躲开，避开。	

30. 野兽	（名）	yěshòu	泛指生长在山间森林里的动物。	丙
31. 慌乱	（形）	huāngluàn	惊慌，忙乱。	丁
32. 膝盖	（名）	xīgài	大腿和小腿连接的部分。	丁
33. 磕	（动）	kē	碰。	丁
34. 惊叫	（动）	jīngjiào	吃惊地叫。	
35. 龇牙咧嘴		zī yá liě zuǐ	形容非常疼痛的样子。	
36. 昏迷不醒		hūnmí bù xǐng	昏过去，不清醒。	
37. 羞愧难当		xiūkuì nán dāng	感到非常惭愧。	
38. 挣脱		zhèngtuō	用力摆脱。	
39. 支吾	（动）	zhīwu	不愿意把话说清楚。	
40. 眉头	（名）	méitóu	眉毛的内端。	丙
41. 大方	（形）	dàfang	自然，不拘束；不吝啬钱财。	丙
42. 溜达	（动）	liūda	随意散步。	
43. 单纯	（形）	dānchún	简单而可爱的，不复杂的。	丙
44. 淘气		táo qì	顽皮，爱开玩笑。	丁
45. 动人	（形）	dòngrén	使人感动。	乙
46. 讽刺	（动）	fěngcì	说让人难堪的话。	丙
47. 辱骂	（动）	rǔmà	用难听的话骂人。	
48. 和善	（形）	héshàn	和气友好的，善意的。	
49. 化解	（动）	huàjiě	消除，解决。	
50. 缕	（量）	lǚ	用于细长的东西或风、烟等。	
51. 拂	（动）	fú	轻轻擦过。	
52. 途中	（名）	túzhōng	路上。	
53. 别致	（形）	biézhì	特别而美好的。	
54. 一拐一拐		yì guǎi yì guǎi	走路不稳的样子。	
55. 鬼迷心窍		guǐ mí xīnqiào	比喻因糊涂而做了愚蠢的事。	
56. 自责	（动）	zìzé	自己批评自己。	
57. 反省	（动）	fǎnxǐng	回想、检查自己的错误并且自我批评。	
58. 幸好	（副）	xìnghǎo	幸亏。	丁
59. 有意	（副）	yǒuyì	愿做某事；故意。	丙
60. 潇洒	（形）	xiāosǎ	动作表情大方自然，不拘束。	
61. 一如既往		yì rú jìwǎng	完全跟以前一样。	
62. 矜持	（形）	jīnchí	不自然，不主动接触别人。	
63. 戒备	（动）	jièbèi	防备，警惕。	
64. 羞耻	（形）	xiūchǐ	不光彩，不体面。	丁
65. 皆	（副）	jiē	都。	丁

66. 回避	（动）	huíbì	躲避，避开。	丁
67. 漫长	（形）	màncháng	时间、空间距离很长。	丙
68. 前所未有		qián suǒ wèi yǒu	以前从来没有。	丁
69. 肝炎	（名）	gānyán	一种病，肝脏发炎。	丁
70. 休学		xiū xué	由于某些原因暂时停止在学校的学习。	
71. 养病		yǎng bìng	因病休息。	
72. 连连	（副）	liánlián	接连不断。	丁
73. 宽心		kuān xīn	安慰，使放心。	
74. 心灵	（名）	xīnlíng	内心。	
75. 净化	（动）	jìnghuà	消除杂质，使纯洁干净。	丁
76. 默默	（副）	mòmò	安静无声。	丁

专　名

陈其	Chén Qí	人名。
谭乐诗	Tán Lèshī	人名。

词语、句式例释

1. 汉语的离合词

这篇课文中有很多离合词。例如：

a. 他独自在小路上散了两个小时的步。

b. 她嘴里不停地道着歉。

汉语有一种词叫离合词（也叫动宾格），这种词结构比较特别：前一个语素是动词性的，后一个语素是动作行为涉及的对象，例如上例中的“散步、道歉”。这种词在意义上是一个整体，经常结合在一起，但在用法上又像短语，前后可分离，中间可以插入别的词，还可以把后面的部分移到前面。离合词后面一般不带宾语，如果有宾语，可以用“跟、和”等提前；后面如果有结果补语、数量补语，要放在两个语素之间或者重复表示动作的语素。离合词如果带趋向补语“起来”，一般的格式是“A起B来”（唱起歌来）。重叠式是“AAB”（散散步）。如：

（1）他对着天空发誓，三十岁以前决不再交什么女朋友了。

（2）在交往一段时间之后，他也总能发现不得不分手的理由。

（3）老天爷是要让你代我受罪呢！

（4）吃完饭，我们跳起舞来。

(5)他最近要和女朋友结婚。

(6)咱们聊聊天儿吧，很久没见面了。

(7)他洗澡洗了一个小时。

(8)他已经道过歉了，别生他的气了。

(9)话还没说完，他就走了。

(10)她得了肝炎，正住着院，下个月才能出院。

2. 这样说未免夸张了点儿。

“未免”是副词，用在句子的形容词前(这些形容词是带有消极意义的)，主要作用在于表示不赞成的、否定性的意见，语气比较委婉，后面一般要有程度词“太、过于、有些、过分、不大”以及数量词“点儿、一些”。修饰动词的情况少。如：

(1)你这样做未免太过分了！

(2)你对孩子也未免过于担心了，放心吧，没事的。

(3)这间房子的租金未免贵了一点儿。

(4)您这样解释未免简单了一些。

(5)这事办得未免欠考虑。

3. 仅仅才一个月，他的誓言就被那个傍晚清凉的风吹得无影无踪。

副词“才”除了用在表示时间的词语后面表示时间晚、迟(如“他早上九点才起床”“他四十岁才结婚”)之外，还可以用在表示时间的词语前面，表示时间早、短，数量少。如：

(1)她才十七岁，就开始独立生活了。

(2)现在才六点，还可以再睡一会儿。

(3)才一天，他就把这本书看完了。

(4)才工作了三个月，他就厌烦了。

(5)一个月才六百元？太少了吧！

4. 陈其情愿更惨地摔一下，摔个昏迷不醒，什么也不知道。(“个”作结构助词$_2$)

“个”用在动词后边，连接补语，类似“得”的作用。除了连接表“不停”义的补语(如“笑个不停”，见第五课语法例释)外，还可以连接一部分用形容词或固定词语充当的状态补语。如：

(1)今天我们玩儿了一整天，玩儿了个痛快。

(2)孩子们把房间弄了个乱七八糟，让我收拾了半天。

(3)我一定要问个明白。

(4)这件事你一定要说个清楚。

(5)这份文件我一定要看个仔细。

(6)我们要把他们打个大败而归。

5. 幸好自己"捡"了她的车，否则现在她有可能正在一拐一拐地走路。

用"幸好……，否则（不然、要不）……"连接的复句表示：由于有前一句所说的有利条件，因而避免了后一句所说的不好的后果。如：

（1）幸好你来了，否则我真不知道怎么办才好。

（2）幸好我们带着手机，否则就联系不上了。

（3）他的病幸好发现得早，不然就危险了。

（4）幸好姐姐给我寄来了钱，要不我的生活费就不够用了。

（5）护照幸好找到了，否则这个寒假就回不了家了。

6. 与其让她受这种折磨，他宁可把这种痛苦留给自己。

这种复句表示在比较之后选择其中的一个，放弃其中的一个。"与其"用在前一分句，表示在比较后要放弃的，"宁可（宁愿、不如）"用在后一分句，表示经过比较后要选择的。如：

（1）与其坐车去，我宁可骑车去。

（2）与其去北海，不如去颐和园。

（3）与其求别人帮忙，不如靠自己的努力。

（4）与其待在家里吃闲饭，我宁愿出去找点儿事做。

（5）与其把钱存在银行里，我宁可用来买房子。

7. 他知道，自己毫无疑问是真正地喜欢上一个人了。

"上"用在动词后面作补语，除了表示动作由低到高（如"我跑上山顶"）、由开而合（如"请闭上眼睛"），还表示动作实现或达到了目标。如：

（1）我爱上了北京这个城市。

（2）他们俩碰上了也只是点点头，笑一笑。

（3）他考上了一所名牌大学。

（4）今年，他们全家住上了新房子，过上了好日子。

（5）我也开上了小汽车。

练　习

一、改正下面的句子，注意离合词的特点：

1. 这辆自行车坏了，我刹车不了，就撞在那女孩儿身上了。
2. 她现在住院着，每天都有同学去看她。
3. 他对天发誓了一个，要好好儿学习，考上大学。
4. 他休学过一年，现在上三年级。
5. 我道歉他了，可他还是不理我。
6. 我见到他们时，他们正在校园里散步着。

7. 等你养病好，我们一起去旅游。
8. 因为这几年经济情况不好，老人吃不好，住得也不好，受罪了不少。
9. 明天我要去见面一个朋友，咱们后天再去看电影吧。
10. 这孩子发烧起来了。
11. 我从来都没对你撒谎过。
12. 我毕业大学后，一直在贸易公司工作。

二、形近字组成词语或词组：

检（　　）　跨（　　）　绰（　　）　吾（　　）　扭（　　）　淘（　　）

捡（　　）　夸（　　）　桌（　　）　语（　　）　丑（　　）　掏（　　）

三、在下面的词后加上合适的中心词：

女式 ______　淡黄色的 ______　寂静的 ______

男式 ______　深蓝色的 ______　宁静的 ______

淘气的______　矜持的 ______

和善的 ______　清凉的 ______

四、给下面的动词加上合适的宾语：

捉弄 ______　讽刺 ______　更换 ______　辱骂 ______

遭受 ______　回避 ______　反省 ______　化解 ______

五、在下面的名词前加上合适的量词：

一（　　）钥匙　一（　　）拖鞋　一（　　）打击

一（　　）清风　一（　　）斜坡　一（　　）时间

六、根据课文内容，判断下面的句子是否正确：

1. 陈其谈过多少个女朋友，他自己也不清楚。
2. 谭乐诗完全相信，陈其只是捡到她的车子，而不是有意偷她的车子。
3. 陈其情愿摔个昏迷不醒，是因为他当时太难为情了，他不想面对这样的场面。
4. 陈其觉得，自己遇到谭乐诗后产生的感觉，是以前从来没有体验过的。
5. 陈其骑车摔伤了腿以后，再也没有见过谭乐诗。

七、用指定的词语完成对话：

1. 甲：这几天天气突然变得很冷，不少人都感冒了，你怎么样？

　乙：________________________________（幸好……，否则……）

2. 甲：下午去王府井，你愿意坐公共汽车去，还是骑自行车去？

　乙：________________________________（与其……，宁可……）

3. 甲：其实他的女朋友已经跟另一个人好起来了，他知道这事了吗？

　乙：________________________________（万万）

4. 甲：昨天你让小林等你等了半天，你向人家道歉了吗？

乙：____（连连）

5. 甲：你想找一个什么样的房子？想找条件好点儿的还是房租便宜点儿的？

乙：____（情愿）

6. 甲：这辆自行车一千三百块。怎么样？

乙：____（未免）

7. 甲：你见过那个女孩儿吗？我觉得她简直是世界上最漂亮的姑娘。

乙：____（未免，夸张）

8. 甲：你说的是真的吗？莫非你在骗我？

乙：____（发誓）

9. 甲：昨天，他把那件事的经过告诉你了吗？

乙：____（支支吾吾）

10. 甲：这间房子的条件和租金你都满意吗？

乙：____（至于）

八、用指定的词语完成句子：

1. 有些人说我是书呆子，我____。（表面上，其实，满不在乎）

2. 那天，我正骑着车赶去教室，突然车闸失灵了，____。（连……带……，摔）

3. 女孩儿发现陈其偷了自己的自行车，陈其羞愧难当，____。（情愿，摔，昏迷不醒）

4. 我的钱包一直放在包里的，____。（不翼而飞）

5. 那天，我知道母亲病了，急得吃不下饭，大家见我这么难过，____。（宽心）

6. 他病得这么厉害，你也不去看看他？这____。（未免）

九、用结果补语“上”（表示动作的实现或达到了目标）改写下面的句子：

1. 刚来的时候，我不太喜欢北京，现在我已经很爱北京了。
2. 我想你一定是开始喜欢那个姑娘了。
3. 现在，一部分人已经有了比较理想的房子，买了汽车。
4. 以前，北京的意大利餐厅很少，我们吃不到意大利菜。
5. 原来他们很穷，现在变了，他们过着幸福的生活。

十、用指定的书面语词语改写下面的句子：

1. 他对自己挺有信心。（颇）
2. 她很关心这两个孩子，完全像以前那样。（一如既往）
3. 这件事如今已经人人都知道了。（皆）

4. 父亲大半生的教书生涯结束了，今天退休了。（漫长）
5. 这种情况以前从来没有发生过。（前所未有）
6. 这样的感觉，对我来说，过去从来没有。（前所未有）

十一、用下列常用词语造句：

1. 在乎
2. 连连
3. 更换
4. 发誓
5. 幸好
6. 存心

十二、排列句子顺序，组成语段：

1. a. 你一个人照顾那么多孩子
   b. 不如再请一个保姆来帮忙
   c. 未免太辛苦了
   d. 还要照料两位老人
   e. 减轻你的负担

2. a. 否则就出事了
   b. 立刻刹车
   c. 幸好司机发现得早
   d. 小孩儿突然从胡同里跑出来

3. a. 我宁可教给他们独立生活的道理
   b. 与其把钱财留给孩子
   c. 这样才是长远之计
   d. 有些人老想着给孩子多留点儿财产
   e. 可是我觉得

4. a. 否则现在她有可能正在一拐一拐地走路呢
   b. 幸好自己“捡”了她的车
   c. 他宁可把这种痛苦留给自己
   d. 与其让她受这种折磨

5. a. 房间弄了个乱七八糟
   b. 妈妈收拾了半天才收拾干净
   c. 七八个同学在我家里聚会
   d. 大家太高兴了，说个不停
   e. 也喝了不少酒

十三、作文或口头练习：给本文的故事续写一个可能发生的结尾，说明理由。

阅读课文

爱的表达方式

我在广州接受潜能培训时，老师出了一个题目：《爱的表达方式》，要求我们每人说一种，但不能重复。

答案五花八门，有的说可以用宽容来表达；有的说用鲜花和语言来表达；有的说痛苦一个人承受，快乐两个人分享，这就是爱的最好的表达方式……

轮到东北一个叫秦依的女孩儿时，她给我们讲了一个故事：

有一对年轻夫妇，都是生物学家，很恩爱，经常一起深入原始森林考察。

有一天，他们像往常一样钻进了森林，可当他们爬过那块熟悉的山坡时，顿时僵住了——一只老虎正对着他们。他们没带猎枪，逃跑也不可能了。

他们脸色苍白，一动不动。老虎也站着。僵持了几分钟时间，老虎朝他们走来，继而开始小跑，然后越跑越快。就在这时，那个男的突然喊了一声，然后自顾自飞快地跑开了。奇怪的是，快跑到那女的面前的老虎也突然改变了方向，朝那男的追了过去。随后那边就传来了惨叫声，而女的却平安地逃了回来。

这时候，几乎所有的人都说了声"活该"。也就在这时候，秦依问我们知不知道那男的喊的是什么。我们几十个学员，大致给出了两种答案。一是：老婆，对不起啊！二是：赶快逃，逃一个算一个。

秦依说："错了！那个男的对他的妻子喊的是：'照顾好依依，好好儿活下去！'"秦依的脸上已经挂满了泪水，面对着大家的惊愕和不解，她接着说道，"在那种情况下，老虎绝对只会攻击逃跑的人，这是老虎的特性。"秦依最后说："在最危险的时刻，我爸爸一个人跑开了，但他用这种方式表达了对我妈妈最真挚的爱……"

教室里沉寂了一会儿，接着响起了雷鸣般的掌声。

（选自 http://www.duzhe.com　2007 年 3 月 26 日文章）

第十一课

交谈的智慧[1]

常言[2]道:"一句话能把人说笑,也能把人说跳",这真是一种值得深思的现象。通常情况下,"把人说笑"的交谈语言,能使交谈在愉快的气氛中进行,也能使交谈中的矛盾得以化解,从而收到较好的效果。反之,"把人说跳"的交谈语言不但收不到预期的效果,还会激化[3]矛盾。从这个意义上,也可以说,"把人说笑"的交谈方式是充满智慧、能收到预期效果的方式,而"把人说跳"的话语则不是一种理智的表达方式。

曾听说过这么一个故事:有个国王做了个噩梦[4],他梦见自己的牙齿全掉光了。醒来后,自己琢磨[5]这个梦,越琢磨越不舒服,就请了个巫师[6]给他解释。巫师听了国王的梦后,惊骇[7]地说:"国王,这可不是个好兆头[8]啊,您所有的家人将会在您之前相继[9]死去!"国王听了气得要命[10],立即叫人把这巫师拉出去杀了。接着,国王又叫来另一个巫师,让他重新解释一下自己的梦。这个巫师听完国王的梦后略微[11]思索[12]了一下,兴高采烈地说:"恭喜[13]您了,这个梦说明,您是家族[14]成员中最长寿[15]的!"国王听了高兴得不得了,发布[16]命令,给这个巫师以重金[17]奖励。事后,有人不解地问这个巫师:"你表达的意思不是和前一个巫师说的一样吗?为什么国王要杀他,却给你重金奖励呢?"巫师回答说:"他说的意思确实和我说的一样,只是那个倒霉蛋太不会说话了。"生活中常有这样的例子:同样一个意思,有的人把别人说得心悦诚服[18],有的人却把别人说得怒气冲冲[19],这就是语言表达的艺术问题了。

交谈中如果语气诚恳,措辞[20]委婉[21],表达得体[22],说理自然,就会有较强的说服力。一般来说,下面推荐[23]的几种方式都是值得采用的:

第一,商讨[24]式。当你需要别人的帮助时,使用商讨口气,常常会使你如愿以偿[25]。比如,你的父母将要"光临"你的宿舍,而你和你的同屋都是个"不拘小节[26]"的人,屋子常常被弄得一团糟[27]。这时如果你以商量的口气对同屋说:"你今天有时间吗?我的父母要来学校看看,咱们一起收拾收拾房间怎么样？”我想你的同屋一定会理解并配合你。同样，如果你有急事，下了出租车后想请司机等你一会儿，你可以和他商量：“能麻烦您等我十五分钟吗？我有点儿急事，还想坐您的车去个地方。”如果他没有特别的事，他一定会乐意[28]等你的。既帮了你的忙，又让自己挣了钱，何乐而不为①呢？但是，如果话说得不好，即使人家能挣钱，也不一定会买你的账[29]。想一想，如果有人这么说：“喂，我去办点儿事，你在这儿等着！”这话就让人觉得不舒服，遇到脾气急的人，没准儿[30]就会吵起来。这样的例子在现实生活中不胜枚举[31]。在任何交际场合，我们都要尽量避免使用这种语气。

第二，委婉式。在与人打交道时，如果有人无理取闹[32]，你不必过于冲动[33]，也不必以无礼之言回敬[34]。理智的态度和委婉的措辞，有时能帮你转危为安[35]，战胜对手[36]。有这样一个例子：一位戴花帽子的姑娘在街头走着，几个轻浮[37]青年从她身边相继走过，其中一个伸手摘下了她的帽子。面对挑衅[38]，姑娘又恼火又紧张，但她马上冷静下来，彬彬有礼地说：“我的帽子挺漂亮，是吗？”男青年怪声怪气地说：“当然漂亮，和你这个人一样，太吸引人了。”姑娘冷静地说：“你一定是想仔细看看，好给女朋友也买一顶吧？看你们都像是很有文化教养的人，我相信你们不是那种随意戏弄[39]女孩子的人。看完请还给我吧！”她话里有话[40]，温和中包含着引导[41]，委婉中也含有批评。那个青年有点儿不好意思，不由自主地还给她帽子，溜走[42]了，一场可能发生的危机[43]就这样消除[44]了。在这段对话中，姑娘自始至终没说过一句强硬[45]的话，更没有辱骂他，而是运用委婉语言来激发[46]对方的自尊心，树立[47]起自己既温和又不慌乱的形象，使对方不敢轻举妄动[48]，从而达到了把自己从危机中解救[49]出来的目的。因此，我们可以说，委婉语言并不意味着软弱，而是表达中的智慧。

第三，恳求[50]式。恳求，通常是处于弱者地位的人使用的方式。然而，在一定的特殊情况下，一般人也可以运用它。一位从内地[51]到沿海城市旅游的老者，在小货摊上买东西时发现装着几千元的钱包被偷了。根据当时的情况，他断定[52]钱包是摆摊的女老板拿走的，因为事情发生时货摊上只有他们两个人。但当他问女老板时，女老板却翻了脸[53]，让他拿出证据来。那位老者冷静地想了想，还是没有和她闹翻，他降低了声调，诚恳地说：“我比你年长，是和你父母同辈的人了，如果你父母出门在外遇到这样的事，你会怎么想？”看见女老板没说话，他接着说，“我们老了，出来旅游一趟很不容易，都想对自己旅游的地方留下好印象。人家托我买点儿东西，现在钱丢了，我回去还不知道怎么向人家交代[54]。钱是在你这儿丢的，你就帮我仔细找找吧！我知道，你们做生意的，信誉是最要紧的！”女老板终于被说动了，她在衣服堆里找出了钱包，还给了老者。老者连声[55]道谢，就这样，他挽回[56]了自己的损失，也没让那个女老板丢面子，同时又使那个贪心[57]的女人受到了教育。可以说，这是一次成功的交谈。此时，恳求语言并不是低三下四[58]的哀求[59]，而是一场充满智慧的斗争，老人抓住对方良心未泯[60]这一点，以恳求的方式，唤起她的同情心、信誉感，使她战胜了贪财的邪念[61]，把钱包还给了自己。

第四，义正词严[62]式。以上几种方式有一定的局限[63]性，对于那种丧失了人性，不讲道理的人，很可能是对牛弹琴[64]。如果遇到这种情况，只能采用义正词严的语言，理直气壮[65]地讲清道理，说明后果，向对方进行反驳[66]，但这时仍然应该注意措辞，尽量少用嘲笑[67]讽刺的语言，避免使矛盾激化，力求[68]收到最好的效果。

交谈中还有很多表达艺术值得研究，以上仅仅是一些例子。但同时我们也应当看到，语言表达的问题不仅是个语言艺术问题，而且也是个看待事物的角度[69]的问题，也就是说，是个思想方法的问题。就拿国王解梦这件事来说，按照巫师的说法，梦见掉牙是暗示[70]着亲人的去世，那么，梦见牙齿全部掉光，当然是暗示着亲人全部去世，这是件坏事，但是，从另外一方面来说，能够看到自己家族中所有的人相继去世的人，也是家族中最长寿的人，这又不能不说是好事。这就是从不同角度看到不同性质的例子。我国有一则[71]古老的寓言[72]，叫“塞翁失马[73]”，也是从不同角度看问题的很好的例子。因此，一个人怎么说，其实也反映出他对问题的思考方法。所以，交谈中的智慧不但体现在语言表达上，也体现在思想方法的修养[74]上，要提高表达水平，就要注意思想方法的修养，这道理是显而易见[75]的。

（选自《交际与口才》2001 年第 1 期，作者齐鲁青；《思维与智慧》2001 年第 5 期，作者张琴，有改动）

注释

① **何乐而不为**

俗语，意思是：为什么不乐意做呢！

生词

1.	智慧	（名）	zhìhuì	发明创造、分析判断的能力。	丙
2.	常言	（名）	chángyán	习惯上常说的话，俗话。	
3.	激化	（动）	jīhuà	向激烈、尖锐的方向发展。	
4.	噩梦	（名）	èmèng	可怕的梦。	
5.	琢磨	（动）	zuómo	反复考虑研究。	丁
6.	巫师	（名）	wūshī	专门为人测凶吉、祈祷的人。	
7.	惊骇	（形）	jīnghài	非常害怕。	
8.	兆头	（名）	zhàotou	事情发生前的迹象。	
9.	相继	（副）	xiāngjì	一个接一个。	丁
10.	要命		yào mìng	非常高的程度。	丁
11.	略微	（副）	lüèwēi	稍微；程度不深或数量不多。	
12.	思索	（动）	sīsuǒ	思考。	丙
13.	恭喜	（动）	gōngxǐ	祝贺别人的喜事。	
14.	家族	（名）	jiāzú	指有血缘关系、亲戚关系的人形成的社会组织。	
15.	长寿	（形）	chángshòu	寿命很长。	丁
16.	发布	（动）	fābù	发表、宣布。	丁
17.	重金	（名）	zhòngjīn	数额很大的钱。	
18.	心悦诚服		xīn yuè chéng fú	心里感到高兴、佩服；愉快地接受。	
19.	怒气冲冲		nùqì chōngchōng	很生气的样子。	
20.	措辞	（动）	cuòcí	说话、写文章中选择词语。	
21.	委婉	（形）	wěiwǎn	说话温和，避开不好听的词语。	
22.	得体	（形）	détǐ	说话、做事非常恰当。	
23.	推荐	（动）	tuījiàn	把好的人、事向有关单位介绍并希望使用。	丙
24.	商讨	（动）	shāngtǎo	商量讨论。	
25.	如愿以偿		rú yuàn yǐ cháng	实现了心愿。	
26.	不拘小节		bù jū xiǎojié	不受小事的影响和拘束。	
27.	一团糟		yì tuán zāo	非常糟糕。	
28.	乐意	（动）	lèyì	非常愿意。	丁
29.	买账		mǎi zhàng	承认对方的优势，接受对方的建议或意见。	
30.	没准儿		méi zhǔnr	不一定；有可能。	
31.	不胜枚举		bú shèng méi jǔ	例子很多，举不过来。	

32. 无理取闹		wú lǐ qǔ nào	没有道理却一定要捣乱、吵闹。	
33. 冲动	（形）	chōngdòng	感情受刺激而突然激动。	
34. 回敬	（动）	huíjìng	报答别人的好意或报复别人的讽刺。	
35. 转危为安		zhuǎn wēi wéi ān	危险的情况转变为安全。	
36. 对手	（名）	duìshǒu	竞争、比赛的另一方。	丁
37. 轻浮	（形）	qīngfú	语言、行为不稳重，不严肃。	
38. 挑衅	（动）	tiǎoxìn	故意引起矛盾或争斗。	丁
39. 戏弄	（动）	xìnòng	捉弄，故意让人难为情。	
40. 话里有话		huà lǐ yǒu huà	话语中包含有更深的意思。	
41. 引导	（动）	yǐndǎo	启发教育；诱导。	丙
42. 溜走		liū zǒu	很快地离开。	
43. 危机	（名）	wēijī	隐藏着的危险。	
44. 消除	（动）	xiāochú	消失，排除。	丙
45. 强硬	（形）	qiángyìng	强而有力，不软弱。	
46. 激发	（动）	jīfā	鼓励、激励，使产生。	丁
47. 树立	（动）	shùlì	建立。	丙
48. 轻举妄动		qīng jǔ wàng dòng	没有经过考虑就随便采取行动。	
49. 解救	（动）	jiějiù	从困境中解脱出来。	
50. 恳求	（动）	kěnqiú	诚恳地请求。	丁
51. 内地	（名）	nèidì	距离沿海或边疆较远的地方。	
52. 断定	（动）	duàndìng	肯定。	丁
53. 翻脸		fān liǎn	态度变坏。	
54. 交代	（动）	jiāodài	说明；吩咐。	丙
55. 连声	（副）	liánshēng	接连不断地说。	
56. 挽回	（动）	wǎnhuí	想办法使情况变好。	
57. 贪心	（形）	tānxīn	老是不满足，想得到更多。	
58. 低三下四		dī sān xià sì	态度卑贱、乞求的样子。	
59. 哀求	（动）	āiqiú	乞求。	丁
60. 泯	（动）	mǐn	消失，丧失。	
61. 邪念	（名）	xiéniàn	很坏的想法。	
62. 义正词严		yì zhèng cí yán	说话时道理明确，用词严厉。	
63. 局限	（动）	júxiàn	受限制。	丁
64. 对牛弹琴		duì niú tán qín	比喻说话时对方完全不理解，讥笑说话不看对象的人。	
65. 理直气壮		lǐ zhí qì zhuàng	理由充足，说话、做事充满把握。	丁

66. 反驳	（动）	fǎnbó	否定、批评别人的观点。	丁
67. 嘲笑	（动）	cháoxiào	讥笑，讽刺。	丁
68. 力求	（动）	lìqiú	尽力追求。	丙
69. 角度	（名）	jiǎodù	看问题的出发点。	丙
70. 暗示	（动）	ànshì	不明确地表示，而是间接地表示。	丁
71. 则	（量）	zé	用于语言、广告、启事等。	乙
72. 寓言	（名）	yùyán	用来说明某种哲理的故事。	丙
73. 塞翁失马		sàiwēng shī mǎ	是我国古代的寓言。说明坏事可以变为好事，好事也可以变为坏事的道理。	
74. 修养	（名）	xiūyǎng	理论、知识、技能等方面达到的水平。	丁
75. 显而易见		xiǎn ér yì jiàn	很明显，容易明白。	丁

词语、句式例释

1. "把人说笑"的交谈语言，能使交谈在愉快的气氛中进行，也能使交谈中的矛盾得以化解。反之，"把人说跳"的交谈语言不但收不到预期的效果，还会激化矛盾。

"反之"是连词，用在两个句子或段落之间，起转折的作用，引出与上文相反的另一个意思。"反之"后有停顿。如：

（1）比赛赢了当然值得高兴，反之，输了也是一次锻炼。

（2）雨水多，气候就比较湿润，反之，雨水少，气候就比较干燥。

（3）经济发展了，人民的消费水平就高，反之，经济落后，人民的消费水平就低。

（4）虚心学习，一个人就能不断进步，反之，骄傲自大，就会落后。

（5）不断地积累，经验就会丰富起来，反之，不注意积累总结，宝贵的经验就会被遗忘。

2. "把人说笑"的交谈语言，能使交谈中的矛盾得以化解。

"得以"一般用在双音节动词或者动词短语前面，表示"能够、可以"。注意："得以"不用在单音节动词前。如：

（1）大家的合作使困难得以顺利解决。

（2）大学考试制度的改革，使他的愿望得以实现。

（3）国家实施了新的经济政策，使许多人得以脱贫致富。

（4）由于注意了生态环境的保护，许多野生动物得以继续生存。

3. a. 国王听了气得要命。

b. 国王听了高兴得不得了。

"要命、不得了"用在形容词后边作补语，表示程度很高。常见的作程度补语的词语还有"得很、得慌、极了、不行、要死"等。如：

(1)今年春节，兄弟姐妹都回来了，家里热闹得很。

(2)孩子饿得慌，抓起面包就吃。

(3)这孩子真是聪明极了！

(4)这几天太忙，我累得不行了。

(5)他气得要死，但也无可奈何。

4. 这个巫师听完国王的梦后略微思索了一下。

"略微"是副词，表示程度不高，数量不多，跟"稍微"相同。后面的动词、形容词必须是个复杂形式，常常带"一点儿、一些、一下、一会儿"，或是个表示少量、短时的重叠形式。如：

(1)这件事她略微知道一点儿。

(2)韩语我略微懂得一些，让我来试试吧。

(3)请你们略微等一下，她马上就来。

(4)下午我略微休息了一会儿，现在好多了。

(5)菜做好了，我略微尝了尝，觉得味道还可以。

5. 如果话说得不好，即使人家能挣钱，也不一定会买你的账。

"买账"是离合词，表示承认对方的优势并接受对方的做法。多用于否定。如：

(1)他这样的人想说服我？我才不买账呢！

(2)他这么骄傲，根本就不会买别人的账。

(3)我只能这么说，不管他买不买账。

(4)你越是看不起人家，人家就越是不买你的账。

6. 你一定是想仔细看看，好给女朋友也买一顶吧？

"好"在这里是连词，用在复句后一分句的动词之前，表示前一分句所说事情的目的，多用于口语。如果后一分句有主语，"好"在主语之后。如：

(1)这项工作开始前要先通知大家，好让大家心里有准备。

(2)她尽量把字写得大一些，好让老人看清楚。

(3)他用冷水洗洗脸，好让自己清醒起来。

(4)有问题请尽早告诉我，我好及时处理。

(5)我来帮他做这活儿吧，他好分出身来做别的。

7. 此时，恳求语言并不是低三下四的哀求，而是一场充满智慧的斗争。

"(并)不是……，而是……"是一种并列复句，前一分句否定，后一分句肯定，对比着说明一件事。"不是"前的"并"强调否定语气。如：

(1)大家批评你并不是想打击你，而是想帮助你。

(2)这样的做法不是一种聪明的行为，而是一种非常愚蠢的行为。

(3)锻炼身体不是一件小事，而是一件大事。

(4)对我来说，学习并不是一个负担，而是一种乐趣。

(5)这间卧室不是太小了，而是太大了。

练习

一、熟读下面的词语，选择合适的改写句子：

义正词严　　怒气冲冲　　无理取闹　　理直气壮　　不胜枚举

低三下四　　转危为安　　对牛弹琴　　心悦诚服　　显而易见

1. 小时候我跟同学打架，把别人给打伤了，父亲知道后生气地把我拉回家。
2. 对那些流氓讲道理，一点儿用都没有，他们不会听的。
3. 因为粗心大意而造成严重的事故，这样的例子说也说不完。
4. 经过大家的共同努力，堤坝保住了，洪水终于被战胜了，几十户居民的安全得到了保证。
5. 他凭什么不让你看孩子？即使你们已经离婚了，你也可以对他说："让我看看自己的孩子！"
6. 他欠债不还，这样做是完全没有道理的！

二、给下面的动词各加两个宾语：

运用______ ______　　奖励______ ______　　树立______ ______

嘲笑______ ______　　琢磨______ ______　　消除______ ______

引导______ ______　　辱骂______ ______　　发布______ ______

推荐______ ______

三、用指定的词语完成对话：

1. 甲：你真的要租那套房子吗？听说那房子虽然好，可房租比较贵呀！
   乙：________________________（如果……，即使……，也……）
2. 甲：我想认识一下你的那位朋友，不知你愿不愿意给我介绍一下？
   乙：________________________________（乐意）
3. 甲：听说炸馒头很好吃。馒头是一种菜吗？
   乙：__________________________（不是……，而是……）
4. 甲：你作这项调查，老师一直都在支持你吗？
   乙：______________________________（自始至终）
5. 甲：你认为汽车多了对一个城市有好处吗？
   乙：_____________________________（从……角度）
6. 甲：你们为什么经常组织学生参加体育比赛？
   乙：________________________________（从而）

四、用指定的词语完成句子：

1. 我们要利用在西安的机会多参观名胜古迹，________________。（从而）
2. 根据他的口音和外貌，________________________。（断定）
3. 他对我的批评不符合事实，______________________。（反驳）

4. 在比赛前，我们要作好一切准备，______________________________。（力求）
5. 我想留下您的地址和电话号码，______________________________。（好）
6. 事情都会有两面性，考试考得好，容易使人骄傲，__________________。（反之）
7. 定出一个好的学习计划不是一件很容易的事，____________________。（而是）
8. 对于我向他提出的问题，____________________________________。（略微）

五、解释下面画线的词语：

1. 有的人把别人说得心悦诚服。
2. 当他问女老板时，女老板却翻了脸。
3. 老人抓住对方良心未泯这一点，以恳求的方式，唤起她的同情心。
4. 您是家族成员中最长寿的！
5. 几个轻浮青年从她身边相继走过。
6. 如果话说得不好，即使人家能挣钱，也不一定会买你的账。

六、用指定的书面语词改写句子：

1. 这种做法收到了我们原来想要的效果。（预期）
2. 你说的这些话不太合适，伤了我们的自尊心。（措辞）
3. 政府出了一个调整粮食价格的通知。（发布）
4. 我们一定努力，争取按时完成任务。（力求）
5. 同学们一个一个地走上了社会，参加工作。（相继）

七、选用下面合适的成语改写句子（注意句中画线部分的提示）：

彬彬有礼　低三下四　话里有话　理直气壮　不胜枚举　不拘小节

1. 父亲说的话不多，但谁都听出来了，他简单的几句话中，包含着更多的意思。
2. 他非常有礼貌地作了自我介绍。
3. 现实生活中，这样的例子实在太多了，说也说不完。
4. 你别担心了，他这个人平时不注意生活小事，为人爽快，你一定能跟他合得来。
5. 这件事你没做错，你可以以充分的道理向他解释。
6. 他虽然有钱、有地位，但我们也用不着哀求他。

八、选择合适的词语填空：

（自始至终、发布、不得了、断定、挑衅、力求、信誉、体现、交代、一团糟）

1. 由于缺乏经验，他把事情弄得（　　　　）。
2. 根据已经掌握的证据，我（　　　　）这件事是他做的。
3. 我这次的考试成绩这么糟，真不知道怎么向父母（　　　　）。
4. 由于重视产品质量，重视公司的（　　　　），我们很快就赢得了很多客户。
5. 面对几个轻浮青年的（　　　　），那个姑娘并没有慌张，而是以理服人，使他们把帽子还给了自己。
6. 我努力钻研业务，（　　　　）收到最好的工作效果。
7. 知道了事情的原因后，我后悔得（　　　　）。

8. 会上，他沉默着，(　　　　)没说一句话。

9. 政府(　　　　)命令，给有重大贡献的科学家以重金奖励。

10. 交谈中的智慧不但(　　　　)在语言表达上，也(　　　　)在思想方法的修养上。

九、用下列常用词语造句：

1. 琢磨
2. 相继
3. 局限
4. 嘲笑
5. 暗示
6. 力求

十、排列句子顺序，组成语段：

1. a. 反之
   b. 他认为自己的女儿是天下最可爱的孩子
   c. 但孩子的父亲并不认为自己的女儿长得丑
   d. 许多人都认为这女孩儿长得不好看
   e. 这孩子生下来就有点儿缺陷

2. a. 因为时间有限
   b. 所以，如果教材上已经讲得比较详细的
   c. 反之，如果教材上写得太简单的
   d. 我就多讲一些
   e. 我就少讲几句，大家回去自己看

3. a. 好分享生日蛋糕的美味
   b. 大家盼着那一天快点儿到来
   c. 小东的生日就在这个周末
   d. 这可是入学后第一次给同学过生日啊

4. a. 他停了一两秒钟
   b. 说到这儿
   c. 好让大家集中起注意力
   d. 听清楚他下面要说的话
   e. 这一招果然起了作用

5. a. 心情就会得以放松
   b. 工作压力太大的时候
   c. 紧张心理也会得以缓解
   d. 大家一起说说笑话
   e. 或者听点儿轻音乐

十一、动手查一下工具书，把故事写成小剧本，分角色表演"塞翁失马"这个小故事。

阅读课文

景先生该不该付5万元

据提供线索的冯先生讲，2月初，他在自己家附近的围墙处发现一辆黑色轿车长期停放着，无人问津。2月16日，冯先生发现住地附近贴着一张寻车启事，启事上说对帮助找到车的人，可给予5万元报酬。冯先生发现启事上说的车与自己在家附近见到的黑色轿车很像，跑回去看了后，证实围墙处的轿车正是寻车启事上所找寻的汽车。

当天下午，冯先生根据启事上的联系电话与失主姓景的先生取得了联系，两人约定景先生第二天来取车，并向冯先生支付酬金5万元。但是，第二天当景先生见到并确认了是自己丢失的轿车后，立即向派出所报案。派出所民警对两人进行询问，查清了有关情况，车由景某取走。这以后，冯先生多次向景某索要其在启事上承诺支付的酬金，但景某总以冯先生没有付出什么劳动，也没有损失为由拒绝支付。这样，冯先生就请了律师，要和景先生打官司。

第十二课

孤独的晚餐

索重阳在办公室坐了好一阵了，仍然没有决定去哪儿吃饭。回家还是应酬[1]，成了他眼前的两难[2]选择。他一向都很少回家吃饭，老婆孩子都已经习惯了没有他的饭桌，偶尔他回家吃饭，家人就像是过节或者是受难[3]，因为这时候他通常[4]是心情特别舒畅或者是特别烦躁[5]。他自己也已经习惯在外边一大帮人围着吃饭，尽管都是吃着谈着的时候觉得很饱，但还没到家就已经腹[6]中空空了。他的晚饭更多地是由秘书决定，而不是由自己或家人决定。某一天的宴席[7]，通常是在若干天前就预订好了，即便某一天没有预订晚餐，也会有临时上门的客人需要应酬，或有重要的关系需要沟通。像今天这样，既没有预订，又没有临时安排的，在索重阳的生意越做越红火的情况下还真是个例外[8]。

思前想后，索重阳还是决定：不回家，打电话叫几个朋友一起吃饭。索重阳是商人，商人连自己吃饭睡觉的时间都要盘算[9]，在家吃饭只是投入[10]时间，而在外边吃饭则是边吃边谈，能收到工作效益[11]，即便只是吃吃喝喝，也可能会为未来的生意打下基础。于是，索重阳拿起了电话。

第一个电话打给蔡经理，他们的感情很融洽[12]，两个人经常合作，彼此都感到满意。蔡经理打开电话时似乎不太高兴，但一听出是索重阳，马上就热情多了。索重阳说："一起吃晚饭吧。"蔡经理说："啊？吃饭？正吃着呢，陪着几个市领导。要不你过来一起吃？"说这话时他显然已经换了地方，杯盘碰撞的声音小多了。索重阳是个通情理[13]的人，连忙说："算了算了，咱们改天[14]再聚[15]吧。"

挂断电话，索重阳又拨了一个电话，写着这个电话号码的名片正好在他的桌子上。黄总经理也是多年的生意伙伴[16]了，他们经常共进晚餐，一年中没有十次也有八次。黄总的司机接的电话，他支支吾吾地说："黄总正忙着呢，不方便接电话，过一会儿让他给你回个电话，好吗？"索重阳无可奈何地放下电话。这个胖子，多半[17]又在泡桑拿浴[18]，别看他平时一本正经[19]，现在还不知道跟谁在一起呢。

这提醒了索重阳，他想到一个女人。这个女人跟他打过一次交道，索重阳下了很大力气帮过她一个忙，使她感激得热泪盈眶[20]，说不论什么时候，只要索重阳需要她帮忙，她随时随地[21]都会帮忙。这个女人不仅有漂亮的外表，还有优雅的气质、得体的谈吐[22]，会体谅[23]人，是那种可以作为红颜知己[24]的女人。索重阳还真有点儿男子汉气质，从来没想过要她报答[25]什么，然而在这个寂寞的傍晚，他突然想到她，想跟她一起吃顿饭，说说话，放松一下。这么一想，索重阳激动起来。在她眼里，自己是个帮她渡过[26]难关的男子汉。他在记事本里查到她的名字——柳眉，一个好听的名字，然后拨她的手机号，没人接。他不死心[27]，接着再拨。终于，柳眉接电话了："哪位？"她的声音还是那么好听。索重阳说："是我。""你是谁呀？"她问。索重阳说："我是我呀。"柳眉不耐烦了："你到底是谁？再不说我挂了。"他连忙说："是索重阳。"他听到柳眉低声重复，并问旁边的人："索重阳是谁？"他心中有些不快：那个时候，她对自己是多么感激和崇拜[28]啊。然后他听到了她那欢快[29]的声音："是索总啊，看我这记性[30]！上次你帮了我大忙，我还没好好儿谢谢你呢！"索重阳如释重负[31]，说："我想请你吃晚饭，不知你肯不肯赏脸[32]？"柳眉的声音还是那么愉快："哎哟，真不凑巧，我这儿还有事，走不开[33]，改天吧！改天我请你！"索重阳只好答应，挂电话的瞬间[34]他听见柳眉在嘀咕[35]："什么索总，没事找女人，还不是色鬼[36]一个！"索重阳气得七窍生烟[37]。他不是个品德高尚[38]的人，但也从来没有人这么辱骂过他，他觉得自尊心受到了极大伤害。当时，他确实是对她抱着一种好感和同情，真心实意[39]地帮助她，如今可真是领教[40]到"好心被当作驴肝肺[41]"①的滋味了。就算自己以前没帮过她的忙，她也不该这么骂人啊。

索重阳又打了几个电话，人家不是早有安排，就是出门在外。索重阳觉得有点儿迷惑[42]：平时也没觉得谁有多忙，怎么这时一个有空儿的人都没有呢！他记起来了，年底到了，同行[43]们要做的事的确多起来了。他自己前一段时间也忙得不可开交[44]，只是今天突然闲下来了，而别人还在忙碌[45]。索重阳心中有点儿不平：不就是想轻松地吃顿饭吗，已经没有收到点儿什么效益的意图了[46]，为什么会那么难呢？生意场上的人啊，都那么讲功利[47]。他这么骂了一句，似乎忘了自己也是生意场上的人了。他那固执[48]的脾气上来了：说什么也得找到一个人来吃饭，而且不要生意场上的。

他想起了在研究所工作的大学同学王丰，上学时他俩最要好，毕业后也来往得最多，只是最近这几年各自有了家庭，又各忙各的事，才疏远了一些。这个念头[49]又让他激动起来，甚至有点儿感谢那些拒绝他的人了，这些人让他想起了珍贵的友谊。翻了很久，都没有找到那个电话号码。又打了几个电话问别的同学，才知道王丰搬家了，电话号码也变了。电话打过去，占线，等了二十分钟，还是占线，只好打传呼[50]。王丰很快就回了，听说是索重阳，很高兴，说刚才正在上网呢。索重阳说："哥儿们，好几年没见面了，出来聊聊吧，我还没吃饭呢。"王丰一口[51]答应："好啊，还是去滨江路那家小饭馆吧，陈哥的鱼做得越来越好吃了。"陈哥的小饭馆是他们上大学时经常聚会的地方，毕业后也曾多次去那里重温旧梦[52]。但索重阳太高兴了，想请王丰上本市最豪华[53]的酒楼吃一次饭，王丰生活清贫[54]，一辈子没有几次机会光顾[55]那种地方。索重阳兴奋地说："那地方太小了，我要请你上大明堂去品尝海鲜[56]，那里的海鲜地道，味道确实很好。"王丰没去过大明堂，但知道那是本市档次[57]最高的酒楼[58]，他沉默了。索重阳没觉察[59]，仍然兴致勃勃[60]地说："我马上开车过来接你，得赶紧去，晚了就没座了。"说了一通[61]，他才察觉王丰没表态[62]，便说："怎么样？"王丰略微停了一下，客气地回答说："不用了，我想起明天还有个会，我的论文还得修改一下，下次吧！"索重阳如梦初醒[63]，气得想打自己，一向都知道王丰是个自尊心很强的人，和他在陈哥小店吃饭，而且由他来付款[64]，他可能会高兴得妙语连珠[65]；但若是他感到被人怜悯[66]或轻视，他就会转身而去。索重阳非常后悔，但事情已经无可挽回，只好垂头丧气[67]地说："那好，我们再约吧。"

索重阳无精打采地拨通了家里的电话，小保姆忙叫妻子。妻子过来了，然后他听到"喂"的一声，顿时也感到疲惫[68]了。听到他说要回来吃饭，妻子的声音提高了："都九点了，你怎么还没吃饭？"她转过头去问保姆还有什么菜，然后可能亲自到厨房去看，电话里半天没有声音。索重阳很扫兴[69]：家里也没有热饭热菜等着自己！等妻子一过来他就说："算了，在外面随便吃点儿就行了。"妻子埋怨他不按时吃饭，又关照了他几句才挂上电话。索重阳懒洋洋[70]地转动着椅子：今天怎么了？不行，说什么也得找人一起吃饭。吃饭这时已不光是填饱肚子的问题了，而且还关系到能不能使自己的自尊心得到满足的问题。他打电话给秘书，让她通知几个部门负责人马上到公司，他请吃饭。没有多久，几个部下[71]便陆续到了。他们只听见秘书的前半句话，没有注意后面半句，就急急忙忙地来了。当确信老板没有急事，只是想请大家吃饭时，都欢呼[72]起来。

他们真的就去了大明堂。满满一桌海鲜，索重阳却没了食欲[73]。他看得出来，自己的这些部下，其实都已吃过饭了，他们只是为了敷衍他这个老板。明亮的灯光下，是一张张兴奋的脸，一杯杯红红的酒，一盘盘色泽[74]鲜艳[75]的菜，大家吵吵闹闹，索重阳内心却感到格外孤独。吃顿饭这么简单的事，今天怎么会变得这么复杂呢？过了很多天，当索重阳心血来潮，要写这篇文章的时候，仍然感受得到那种深入肺腑[76]的孤独。

（选自《读者》2001年第20期，作者索重阳）

注　释

① 好心被当作驴肝肺

是一句俗话，意思是：为别人做了好事，反倒被误会为有不好的意图。

生　词

1.	应酬	（名、动）	yìngchou	与别人交际往来，也指私人宴会。	丙
2.	两难	（形）	liǎngnán	两种选择都很困难。	
3.	受难		shòu nàn	遭受灾难。	
4.	通常	（形）	tōngcháng	平常，在一般情况下。	丙
5.	烦躁	（形）	fánzào	心烦，心里感到不舒服。	丁
6.	腹	（名）	fù	肚子。	丁
7.	宴席	（名）	yànxí	请客的酒席。	丁
8.	例外	（名）	lìwài	在一般规律、惯例之外的状况。	丁
9.	盘算	（动）	pánsuan	仔细打算、计划。	
10.	投入	（动）	tóurù	把资金、人力等放进去。	乙
11.	效益	（名）	xiàoyì	效果和利益。	丁
12.	融洽	（形）	róngqià	关系好。	丁
13.	情理	（名）	qínglǐ	人情事理。	丁
14.	改天	（副）	gǎitiān	以后的某一天。	
15.	聚	（动）	jù	集合在一起。	丙
16.	伙伴	（名）	huǒbàn	一起活动、工作、生活的人。	丙
17.	多半	（副）	duōbàn	很可能。	丙
18.	桑拿浴	（名）	sāngnáyù	一种用蒸汽洗澡的方式。	
19.	一本正经		yì běn zhèng jīng	作出很认真的样子。	

20. 热泪盈眶		rèlèi yíng kuàng	非常感动或激动，眼泪都流下来了。	丁
21. 随时随地		suíshí suídì	任何时候，任何地方。	丁
22. 谈吐	（名）	tántǔ	说话时使用的词语、态度。	
23. 体谅	（动）	tǐliàng	能理解别人，知道别人的难处。	丁
24. 红颜知己		hóngyán zhījǐ	指男人的女性朋友。	
25. 报答	（动）	bàodá	回报别人对自己的好意。	
26. 渡过		dùguò	过河、过江；比喻通过。	
27. 死心		sǐ xīn	不抱有希望。	
28. 崇拜	（动）	chóngbài	非常尊敬，认为很了不起。	丁
29. 欢快	（形）	huānkuài	高兴愉快。	
30. 记性	（名）	jìxing	记忆力。	丁
31. 如释重负		rú shì zhòng fù	好像放下了重担。	
32. 赏脸		shǎng liǎn	给面子。是请对方接受邀请的客气话。	
33. 走不开		zǒu bu kāi	不能离开。	
34. 瞬间	（名）	shùnjiān	转眼之间。比喻极短的时间。	
35. 嘀咕	（动）	dígu	小声说话。	
36. 色鬼	（名）	sèguǐ	过于喜好女色的男人。	
37. 七窍生烟		qī qiào shēng yān	形容非常生气的样子。	
38. 高尚	（形）	gāoshàng	品德高。	丙
39. 真心实意		zhēnxīn shíyì	真诚的，发自内心的。	
40. 领教	（动）	lǐngjiào	原指接受人家的指教，也用作反语，指见识到以前没见过的事情。	
41. 驴肝肺	（名）	lǘgānfèi	比喻不好的意图。	
42. 迷惑	（形、动）	míhuò	感到不理解。	丁
43. 同行	（名）	tóngháng	做同一行业的工作的人。	丁
44. 不可开交		bù kě kāi jiāo	不能解决。形容很忙。	
45. 忙碌	（形）	mánglù	事情多，很忙。	丁
46. 意图	（名）	yìtú	为达到某个目的的想法。	丁
47. 功利	（名）	gōnglì	好处和利益。	
48. 固执	（形）	gùzhí	坚持自己的意见，不愿改变。	丁
49. 念头	（名）	niàntou	想法。	丁
50. 传呼	（动）	chuánhū	用电话向某个 BP 机的主人发信息。	
51. 一口	（副）	yìkǒu	口气坚决，一点儿也不犹豫。	
52. 重温旧梦		chóng wēn jiù mèng	回忆过去的事情。	
53. 豪华	（形）	háohuá	华丽的，高级的。	丁
54. 清贫	（形）	qīngpín	贫穷。	

55. 光顾	（动）	guānggù	到（饭店、商场等）。	
56. 海鲜	（名）	hǎixiān	供食用的海生动物。	
57. 档次	（名）	dàngcì	等级。	丁
58. 酒楼	（名）	jiǔlóu	饭店。	
59. 觉察	（动）	juéchá	发觉。	丁
60. 兴致勃勃		xìngzhì bóbó	很感兴趣的样子。	
61.（一）通	（量）	tòng	用于话语等。	
62. 表态		biǎo tài	表示自己的态度。	
63. 如梦初醒		rú mèng chū xǐng	突然明白了。	
64. 付款		fù kuǎn	交费。	丁
65. 妙语连珠		miàoyǔ lián zhū	连续说出很多很生动、很有意思的话。	
66. 怜悯	（动）	liánmǐn	可怜、同情。	
67. 垂头丧气		chuí tóu sàng qì	灰心失望。	
68. 疲惫	（形）	píbèi	非常疲劳。	丁
69. 扫兴		sǎo xìng	兴致消失了。	
70. 懒洋洋	（形）	lǎnyángyáng	精神不振、不想做事的样子。	
71. 部下	（名）	bùxià	下级。	
72. 欢呼	（动）	huānhū	高兴地叫喊。	丙
73. 食欲	（名）	shíyù	吃东西的欲望。	丁
74. 色泽	（名）	sèzé	颜色与光泽。	
75. 鲜艳	（形）	xiānyàn	颜色明亮。	丙
76. 肺腑	（名）	fèifǔ	比喻内心深处。	

专　名

索重阳	Suǒ Chóngyáng	人名。
柳眉	Liǔ Méi	人名。
王丰	Wáng Fēng	人名。
滨江路	Bīnjiāng Lù	路名。
大明堂	Dàmíngtáng	饭店名。

词语、句式例释

1. 即便只是吃吃喝喝，也可能会为未来的生意打下基础。

“即便……，也……”句式与“即使……，也……”的意义、用法相同，连接假设兼让步复句，前一句表示一种假设的情况，后一句表示结果或结论不因这种情况而改变。“即便……，也……”多用于书面语。如：

(1)明天不会下雨的，即便是下雨，我也要去。

(2)勇敢一点儿，即便说错了，也不要紧。

(3)即便是很久以前发生的事，他也还记得清清楚楚。

(4)即便在冬天，这里也是鲜花盛开。

2. 他多半又在泡桑拿浴。

“多半”在这儿是副词，表示“很可能”“大概”。如：

(1)今天他多半不会来了。

(2)她多半是生气了。

(3)这些菜没人买，多半是因为价格太高了。

(4)星期天她多半在家打扫卫生。

3. 她说不论什么时候，只要索重阳需要她帮忙，她随时随地都会帮忙。（二重复句）

这是一个二重复句。“不论……”引导的条件复句，表示在任何条件、情况下（结果不会改变）；第二个分句“只要……”表示必要的、基本的条件；第三个分句表示根据上面两个分句得出的共同的结果。下面是这一类复句的例子：

(1)不论你要什么，只要是我家里有的，都可以给你。

(2)不论你有什么困难，只要你需要，我都会帮你。

(3)不论天气好不好，只要你想去，我就陪你去。

(4)不管自己多么忙，只要是关系到孩子的事，她都尽力办好。

(5)无论生活多么艰难，只要想起父母的教导，他就有了信心和力量。

4. 就算自己以前没帮过她的忙，她也不该这么骂人啊。

“就算”，连词，表示假设让步，同“即使、即便”，后一分句用“也”连接。多用于口语。如：

(1)就算是我做错了，你也不必这么生气。

(2)就算你是个百万富翁，也没什么了不起的。

(3)就算我穷死，也不会向他这样的人要钱。

(4)就算他是孙悟空，今天也逃不出去了。

(5)就算他有急事不能来，也应该告诉我们一声啊！

5. 人家不是早有安排，就是出门在外。

“不是……，就是……”表示两种情况同时存在，两种可能性都有，与第 11 课中的“不是……，而是……”不同。“不是……，而是……”用于否定前一种情况，肯定后一种情况。如：

(1)这几天天气不好，不是刮风就是下雨。

(2)星期天在家休息，不是睡觉就是看电视。

(3)我也忘了词典放哪儿了，不是在床上就是在书架上。

(4)这样做的结果，不是伤害了别人，就是伤害了自己。

6. 他自己前一段时间也忙得不可开交。

成语“不可开交”表示不能结束、无法摆脱。常用来描写非常忙、问题不能解决等状态。注意：一、“不可开交”只有否定形式，没有肯定形式，不能说“可以开交”；二、在句法功能上，它只能作“得”后的补语。如：

(1)年底，大家都忙得不可开交。

(2)会上，他们为一点儿小事吵得不可开交。

(3)他们打起来了，打得不可开交。

(4)大家一听这消息就乱了，他怎么说也没人听了，事情弄得不可开交。

7. 上学时他俩最要好，毕业后也来往得最多，只是最近这几年各自有了家庭，又各忙各的事，才疏远了一些。

“只是”是连词，用在复句的后一分句，表示轻微的转折，用来补充或修改上文的意思。“只是”与“不过”用法相近，“不过”后面可以有停顿，“只是”后面不能有停顿。如：

(1)这几天天气很好，只是温度有点儿偏低。

(2)他工作能力很不错，只是有点儿傲气。

(3)我还想多说几句，只是没有时间了。

(4)这篇文章挺好，只是长了一点儿。

8. 说了一通，他才察觉王丰没表态。

“通”，量词。用于“说、骂、批评、闹”这类表示语言行为的动词后面或者前面，相当于“番”，前面的数词为“一”。如：

(1)考试不及格，妈妈说了我一通。

(2)我们都被老师批评了一通。

(3)他挨了女朋友一通骂。

(4)她在这儿闹了一通，见没人理她，只好走了。

(5)大家发了一通牢骚，又开始干活儿了。

9. 吃饭已经不光是填饱肚子的问题了，而且还关系到……

“不光……，而且……”中的“不光”和“不仅”“不单”“不但”的意义、用法基本一样，表示除前一分句所说的情况外，还有进一层的意思。“而且”可以换成“也”“还”。常用于口语。如：

(1)南方的夏天不光闷热，而且很潮湿。

(2)这件事不光关系到你，也关系到大家。

(3)他不光喜欢踢足球，还喜欢打网球。

(4)父亲不光写诗，而且还写小说、剧本。

练　习

一、熟读下列词语，选择合适的完成下面的句子：

热泪盈眶　　如释重负　　七窍生烟　　真心实意

不可开交　　如梦初醒　　兴致勃勃　　垂头丧气

1. 知道自己被这个大学录取了，她激动得＿＿＿＿＿＿＿＿＿＿。
2. 这个使我日夜不安的难关终于渡过了，我心里真是＿＿＿＿＿＿。
3. 这一次实验又失败了，辛辛苦苦地做了这么多天的工作都白费了，我们被打击得＿＿＿＿＿。
4. 这几天她又要上班，又要照顾孩子和老人，忙得＿＿＿＿＿＿＿＿。
5. 听见她这样骂自己，索重阳气得＿＿＿＿＿＿＿＿＿＿＿＿＿＿。

二、画线连成最合适的词组：

动宾		主谓	
拨	自尊心	谈吐	红火
品尝	损失	生意	很强
应酬	客人	气质	高尚
光顾	海鲜	电话	得体
挽回	电话	品德	优雅
伤害	酒楼	自尊心	占线

三、用指定的词语完成对话：

1. 甲：如果你有足够的钱，你愿不愿意买下那辆汽车？
   乙：＿＿＿＿＿＿＿＿＿＿＿＿＿＿＿＿＿＿＿＿（就算）
2. 甲：从周一到周五，你们上午、下午是怎样安排的？
   乙：＿＿＿＿＿＿＿＿＿＿＿＿＿＿＿＿＿＿＿＿（通常）
3. 甲：你们经过香港到北京来的，是吗？
   乙：＿＿＿＿＿＿＿＿＿＿＿＿＿＿＿＿（是……，而不是……）
4. 甲：选张玲代表我们全班发言，大家觉得怎么样？
   乙：＿＿＿＿＿＿＿＿＿＿＿＿＿＿＿＿＿＿＿＿（得体）
5. 甲：我想找他帮帮忙，不知道他愿意不愿意。
   乙：＿＿＿＿＿＿＿＿＿＿＿＿＿＿＿＿＿＿＿＿＿＿
   （不论……，只要……，都……）
6. 甲：这件事这样处理行不行？请大家说说自己的意见。
   乙：＿＿＿＿＿＿＿＿＿＿＿＿＿＿＿＿＿＿＿＿（表态）
7. 甲：你跟中学的同学还常常来往吗？
   乙：＿＿＿＿＿＿＿＿＿＿＿＿＿＿＿＿＿＿＿＿（疏远）
8. 甲：你到敦煌来，只是为了旅游吗？
   乙：＿＿＿＿＿＿＿＿＿＿＿＿＿＿＿（不光……，而且/还……）
9. 甲：咱们周末一起去天津玩儿，怎么样？
   乙：＿＿＿＿＿＿＿＿＿＿＿＿＿＿＿＿＿＿＿（不凑巧）
10. 甲：我作业没做完，今天的晚会我不想去了。
    乙：＿＿＿＿＿＿＿＿＿＿＿＿＿＿＿＿＿＿＿（扫兴）

11. 甲：你去过长城吗？你对长城印象怎么样？

乙：______________________________（在……眼里，……）

12. 甲：明天会下雨吗？

乙：______________________________（多半）

四、用指定的词语或句式改写句子：

1. 其实我不常喝白酒，今天是偶然的。（例外）
2. 我已经买到演唱会的门票了，不过位置不太好。（只是）
3. 他最近集中精力写论文，或者在收集资料，或者在和老师讨论。（不是……，就是……）
4. 我任何时候、任何地点都会跟你保持联系。（随时随地）
5. 听到爷爷的病好了这个消息，我心里一下子轻松了。（如释重负）
6. 这次考试没考好，他改变了计划，没去旅行，也没回家。（因为……，不光……，而且……）
7. 她在这儿闹了好一会儿，大家都没理她。（一通）
8. 老板想都没想就答应了我的要求。（一口）
9. 我现在没有时间，有时间也不会去看那种电影。（即便）

五、选择合适的词语填空：

（真心实意、兴致勃勃、如释重负、不可开交、一本正经、例外、支支吾吾）

1. 大家对那个问题很感兴趣，讨论得（　　　　）。
2. 这个让他担心了好几天的问题终于解决了，他（　　　　）。
3. 大家意见很不一致，就你一言我一语地吵起来了，吵得（　　　　）。
5. 平时他跟别人说话总是随随便便的，可是今天却（　　　　）地对我说："咱俩谈谈吧。"
6. 平时你说话都挺干脆，今天怎么（　　　　）的？是不是有什么麻烦？
7. 我是（　　　　）想帮助你，不是什么虚情假意！
8. 我一般情况下都不喝酒，今天好朋友结婚，是个（　　　　）。

六、修改下面的句子：

1. 你说我说假话？说假话的不是我，就是你。
2. 他今天很忙，不可开交了。
3. 我激动地热泪盈眶。
4. 我两难选择上学还是工作。
5. 不论你那么忙，我都要跟你谈谈。
6. 你也参加吧，要不扫兴了大家。

七、根据课文内容判断下面句子的正误，并说明原因：

1. 索重阳的第一个电话是打给他妻子的。
2. 柳眉实际上对索重阳没有什么印象。

3. 王丰是索重阳的大学同学。
4. 比起和蔡经理的关系，索重阳跟黄总经理的关系更好一些。
5. 王丰不愿意和索重阳去吃饭，主要是因为要写论文，抽不出时间。

八、造句：

1. 不论……，只要……，都(就)……
2. 就算……，也……
3. 即便……，也……
4. 不光……，而且……
5. 不是……，就是……

九、排列句子顺序，组成语段：

1. a. 说不论什么时候
   b. 只要索重阳需要她帮忙
   c. 她感激得热泪盈眶
   d. 她随时随地都会帮忙
   e. 那时候索重阳帮她渡过了难关

2. a. 就是出门在外
   b. 可人家不是早有安排
   c. 或者干脆就不接电话
   d. 索重阳打了几个电话想找个朋友来吃饭
   e. 这让他觉得有点儿迷惑

3. a. 即便某一天没有预订晚餐
   b. 他的晚餐也是工作
   c. 通常在若干天前就预订好了
   d. 也会有临时上门的客人需要应酬
   e. 他忙得很少能和家人一起吃饭

4. a. 就算我对这种事完全不懂
   b. 你辞职为什么事先不让我知道
   c. 你也得来跟我说一声
   d. 你眼里根本就没有我
   e. 根本就没考虑这个家

5. a. 还关系到能不能使自己的自尊心得到满足的问题
   b. 他觉得吃饭这时已不光是填饱肚子的问题
   c. 他打电话给秘书
   d. 让她通知几个部门负责人马上到公司来
   e. 也不光是有没有工作效益的问题

十、你认为这篇小说对社会的哪些现象有批评意义？说说你对这些社会问题的看法。

阅读课文

为什么越来越忙

现代人越来越忙了，人们需要更快的电脑、更快的信息、更快的火车、更快的飞机，于是，人们真的忙得不可开交了。造成现代人忙碌的原因很多，其中一个是人们的高消费观念。当电视上把一栋豪华楼房，把一辆豪华轿车展示在人们眼前时，人们的心里已经忙起来了：赶快动手，快把这些美好的东西挣回家！于是，第二天就更是忙忙碌碌，分秒必争。

这种事事讲究速度，将快速等同于进步的观念，在西方已经受到怀疑。早在上世纪80年代末，以美食著称的意大利，开始发起“慢慢吃”运动，提倡从饮食开始，享受悠闲(yōuxián)生活文化，提倡众人回到家庭的餐桌，享受全家一同进餐的天伦之乐，抵制(dǐzhì)快餐店的单一的、无营养的食品。这些人后来形成了一个“慢慢城市联盟”。“慢慢城市联盟”还号召，在城市扩大行人专用区，扩大自行车通道，开辟更多的绿地，减少汽车的干扰。这个联盟组织的标志，是一只爬行在现代建筑和古代建筑之间的蜗牛！

不知道哪位智者讲过：人类更高一层次的时间体验，就是悠闲。就这点讲，现代人远远不如古代人，难怪现代人很少出现绝代的艺术大师和思想家。幸好，现代人已经觉醒。

放慢一点儿生活的脚步，享受眼前的生活美景，回家吃一顿母亲做的饭，与家人好好儿聊聊天儿，十一点以前安心地上床睡个好觉，什么漂亮楼房，什么豪华汽车，全扔到一边去吧！

第十三课

跨越[1]时空的相见

一

1972年夏天，因为战争，9岁的越南小姑娘阮金梅整日随着家人东躲西藏。在她的记忆里，从来没有游戏，没有学校，也没有宁静。这一日她又和人们躲进了越南一个小镇的庙里，她可以清晰[2]地听到外面隆隆[3]作响的飞机盘旋[4]声，听到外边震耳欲聋[5]的炮火声。“妈妈！”女孩儿忽然大叫起来，只见一股黄色的烟浪从外面滚滚而来，一位有经验的越南战士立刻高声喊道：“他们要轰炸[6]，大家快往外跑！”

转眼间，四架轰炸机在距离地面600英尺的低空呼啸[7]而过。正沿着公路向前飞跑的金梅回头瞥了一眼，只见四颗炸弹如天石般迅速坠下，几秒钟后她就被整个儿地包裹[8]在浓浓的烟雾、烈火和恐惧中。

那些炸弹是由凝固[9]汽油弹制成的，一接触地面就立刻飞溅[10]开来，四处开花，并燃起猛烈的火焰[11]。不幸的是，在小女孩儿金梅身后炸开的炮弹烧着了她的后背，她的衬衣、短裤、甚至她的凉鞋都着了火……

带着巨大的恐惧，小金梅仍然不顾一切地向前跑着，起先[12]她没有任何感觉，后来她觉得后背和左臂[13]犹如[14]被人扔进了一个大火炉一般。吓呆了的金梅低头看见自己手臂上的皮肤就像给玩具娃娃脱衣服一样往下掉落，单薄[15]的衣服早已全部被烧光了，她的脑子里此时早已模糊一片，只是光着身子伸开双臂机械地向村外拼命跑，耳边是自己惊恐[16]刺耳[17]的尖叫[18]声。

这幅凄惨[19]而令人落泪的画面恰巧被一位美国联合新闻社的越南籍记者——黄功吾拍摄了下来。被吓坏的记者和附近的其他人赶紧把水浇到小金梅身上。小金梅终因虚弱而晕[20]倒在地，人们急忙把她送入医院，当时看见小女孩儿的人都认为她几乎不可能活下来了。

二

此次轰炸后的第三天，美军第三指挥部的约翰·柏拉默上校[21]拿起放在他桌上的军队报纸随意翻看起来，这个强健壮实、一身迷彩服[22]的军官同时又是一个敏感[23]、细心、慈爱的父亲，尽管他已离婚。柏拉默当时的职责[24]是指挥直升机，在空中配合地面部队的军事行动。

突然，黄功吾所拍摄的那张照片抓住了他的视线。“可怜的孩子！”他的心为之一颤[25]，细看照片下那行小小的文字——“遭受炮弹袭击[26]的孩子哭着跑向一号公路”。他的脑袋不禁“嗡[27]”的一下，这不正是自己前天下令攻击的区域[28]吗？柏拉默看着照片中的金梅，她那么小，和自己的儿子差不多大。战争，在他的心目[29]中是为了国家权益[30]，为了人民的正义，而这些年来他所见的却是硝烟[31]，是毁灭[32]。此刻，第一次那么直接地看到一个人，一个年幼无辜[33]的孩子，在战火中如此痛苦的面容[34]，他震惊[35]了！她是那么弱小，那么无助！他仿佛能闻到女孩儿皮肤烧焦的气味。他用颤抖的手把报纸递给对面的官员，喃喃[36]道：“这是我干的。”

金梅被众人所救，送到医院，经过14个月、17次艰难[37]的植皮[38]手术，小金梅竟然活了下来。但是她的左臂功能几乎完全丧失[39]，整个手掌像个紧缩的枯爪，因为从肩部移植[40]下完好[41]的皮肤，所以她的头犹如被突然绷[42]紧了一般，无法自由转动。天气越热，她浑身的伤痛就越难熬，新移植上的皮肤由于缺乏汗腺[43]，汗无法畅通[44]地排泄[45]出去。“那就好似有上百把小刀在里面戮[46]我。”金梅痛苦地说。经过很长时间的治疗，在母亲的帮助和精心照料下，小金梅终于顽强[47]地挺了过来，逐渐康复[48]。但是，留在她幼小心灵里那些可怕的阴影和伤痕却难以愈合[49]。

柏拉默于1972年11月离开了越南，返回美国之后他被调到一个空军基地担任直升机指挥员。虽然远离了战场和硝烟，但是照片上的小女孩儿哭着奔跑的情景却常常清晰地浮现[50]在他眼前，他甚至能听到她发出的凄厉[51]的尖叫声，他梦见受伤的孩子一群群地向自己扑来，骂着：“你这个凶手[52]！还我们健康幸福！”这一幕幕噩梦令他窒息[53]并且自觉罪孽[54]深重[55]。柏拉默只有不断喝酒，让自己的心暂时麻痹[56]，才能忘却那些清醒时无法忘却的一切。

黄功吾拍摄的照片赢得了著名的普利策奖，知名度也越来越高。1977年，柏拉默在一次出差的途中，登上一辆汽车，随手拿起一张报纸企图[57]打发漫长的旅程，可翻开第一版，赫然在目[58]的就是那幅打动世人的照片，自责感再次如影随形[59]般令他无处逃避。1979年，柏拉默坐在一家小酒吧里喝酒，他随便瞥了一眼柜台后的橱窗[60]，在最底下的角落，他又看见了金梅的那幅照片，他跌跌撞撞[61]地冲出酒吧……

三

年幼的金梅在医院度过了很长一段时间，从那里她开始了自己特殊的人生。“我想成为一名医生，我要像他们帮我解除痛苦一样去帮助其他人。”金梅以自己的亲身感受对父母表达了自己终生的选择。

因为酗酒[62]，柏拉默的第二次婚姻最终在1979年破裂[63]，柏拉默陷入了难以自拔[64]的痛苦泥沼[65]，越陷越深。他常常用酒精[66]抛掉那个罪恶[67]的炸弹，而醒来却更加痛苦。在绝望中，柏拉默参加了一个越战老兵的自发[68]集会，他甚至去看了心理医生。然而他知道，只有一个人能够帮助他从根本上摆脱沉重的负担，那就是照片上的小女孩儿，如果她今天还活着的话。

1986年，越南政府派金梅到古巴进修医药[69]学。在哈瓦那大学学习期间[70]，她认识了一位27岁的越南小伙子，1992年他们幸福地结了婚。

1995年，在自己第三任妻子琼妮的帮助下，柏拉默戒[71]了酒，辞去报酬不错的工作，担当起牧师[72]的职务。他第一次向妻子坦言了埋藏在心底的痛苦，向她叙述了那次轰炸的经过，然而妻子的温柔仍未能打消[73]他心中长久以来的噩梦。有一个晚上，他甚至绝望地对妻子说：“看来只有死亡能最终给我带来心灵的平静和安宁。”

1996年6月，一个潮湿的夏天夜晚，柏拉默正在屋里翻看一本杂志，一抬眼，从电视机里又看到了那张照片。和以往本能[74]地“关了它”的动作不同的是，他调大了电视的音量，里面正在播放[75]一个《他们在哪里》的专题节目。“她还活着！”柏拉默激动而兴奋地大叫起来，他怎么也不敢相信，在他眼前出现的这个33岁洋溢[76]着甜美微笑的女人，就是留在他脑海中的永远是满脸伤痛的9岁小女孩儿。柏拉默从电视中得知，金梅现在和丈夫生活在多伦多市，他们还有个可爱的小儿子。

四

在微微的寒风中，成百上千个人聚集在一起，参加越战老兵集会，其中有柏拉默和妻子琼妮。知道金梅将在这次集会中露面[77]，柏拉默前一天就激动地告诉所有的亲友[78]，他希望能当面求得金梅的原谅。

会议开始，他看见一个小个子的亚洲妇女出现在主席台上。“就是她！”柏拉默轻声地在妻子耳边说，琼妮紧紧握住他的手。扩音器传来金梅细小而坚定的声音：“我希望和大家一起永远记住那场战争悲剧，以便更好地阻止[79]世上一切有可能发生的战争！”金梅稍微停了停，显然是在尽力克制[80]住自己激动的情绪，然后她接着说：“如果我能有机会和那位扔下炸弹的飞行员当面谈一谈，我会告诉他，我们不能改变历史，但是我们能一起为未来做些事情！”金梅的话赢得[81]了台下人群热烈的掌声。

柏拉默透过模糊的视线，在纸上写下：“亲爱的金梅，我就是那个人，我想和你私下[82]谈谈。”他把纸条递给警卫[83]，小声央求道：“请你务必把这个转交[84]给阮金梅。”

经过24年的人生岁月，柏拉默和当年的女孩儿阮金梅终于面对面地相见了。看着阮金梅，柏拉默仿佛又看见了那个伸着双臂，无声地张大嘴巴在路上拼命奔跑的女孩儿，他感到有千言万语[85]，却无从说起，只是一遍遍重复着：“我很抱歉，请你原谅我！请原谅我……”

阮金梅面对着这个陌生的男人，清楚地看见从他那双蓝眼睛里透出的掩饰不住的痛苦和悔恨之情，金梅的眼睛也湿润[86]了，伸出她那遭受过战争痛苦的手臂，拥抱了柏拉默。“一切都结束了，”她平静地对柏拉默说，“结束了，我原谅你！”

听到金梅的话，柏拉默感到如释重负，心头顿时[87]轻松了许多。从某种意义上来说，两人同被战争所害，幸运的是今天他们终于从彼此身上得到了安慰。是的，但愿[88]历史不要重演，但愿噩梦不要重来。

柏拉默和金梅第一次相见后，一直保持着联系，柏拉默还去多伦多看望了金梅全家：她的丈夫、儿子和出生不久的女儿，他们成为了好朋友。

（选自《读者》杂志2001年第1期，朱海燕编译，有改动）

生词

1. 跨越	（动）	kuàyuè	跨过；从这一边经过中间到另外一边。	
2. 清晰	（形）	qīngxī	清楚。	丙
3. 隆隆	（拟声）	lónglóng	形容剧烈、沉重的震动声。	
4. 盘旋	（动）	pánxuán	在空中转，环绕。	丁
5. 震耳欲聋		zhèn ěr yù lóng	形容声音很大。	
6. 轰炸	（动）	hōngzhà	从空中往下扔炸弹。	丁
7. 呼啸	（动）	hūxiào	（风、雪、飞快地运动着的物体）发出又尖又长的声音。	

8. 包裹	（动、名）	bāoguǒ	包起来；包好的包儿。	丁
9. 凝固	（动）	nínggù	液体凝结成固体；	丁
10. 飞溅	（动）	fēijiàn	液体、碎片等向四处飞散。	
11. 火焰	（名）	huǒyàn	火。	丙
12. 起先	（副）	qǐxiān	开始，最初。	
13. 臂	（名）	bì	肩膀以下，手腕以上的部分。	
14. 犹如	（动）	yóurú	好像。	丁
15. 单薄	（形）	dānbó	（衣服）少的；身体瘦弱的。	
16. 惊恐	（形）	jīngkǒng	惊慌恐惧。	
17. 刺耳	（形）	cì'ěr	声音尖锐。	
18. 尖叫	（动）	jiānjiào	大声地叫喊。	
19. 凄惨	（形）	qīcǎn	悲惨。	丁
20. 晕	（动）	yūn	昏迷。	
21. 上校	（名）	shàngxiào	军队的一种官职名称。	
22. 迷彩服	（名）	mícǎifú	作战时穿的画着特别图案，使敌人难以辨认的服装。	
23. 敏感	（形）	mǐngǎn	感觉灵敏，反应快。	丁
24. 职责	（名）	zhízé	职务规定的责任。	
25. 为之一颤		wèi zhī yí chàn	心里被某事物震动了一下。	
26. 袭击	（动）	xíjī	突然的攻击。	丙
27. 嗡	（拟声）	wēng	这里指突然受到打击时脑子里感到的声音。	
28. 区域	（名）	qūyù	地区的范围。	丙
29. 心目	（名）	xīnmù	想法或看法。	丁
30. 权益	（名）	quányì	权利，利益。	丁
31. 硝烟	（名）	xiāoyān	指战场上的烟。	
32. 毁灭	（动）	huǐmiè	毁坏，消灭。	丁
33. 无辜	（形）	wúgū	没有罪的。	
34. 面容	（名）	miànróng	脸部的样子。	丁
35. 震惊	（形）	zhènjīng	非常吃惊。	丁
36. 喃喃	（拟声）	nánnán	自言自语的声音。	
37. 艰难	（形）	jiānnán	很困难。	丙
38. 植皮		zhí pí	用好的皮肤替换已经坏死的皮肤的手术。	
39. 丧失	（动）	sàngshī	失去。	丙
40. 移植	（动）	yízhí	把有机体的一部分组织或器官取下来补在同一或不同的机体的缺陷部分，使之愈合。	

41. 完好	（形）	wánhǎo	没有损坏的，完整的。	
42. 绷	（动）	bēng	拉紧。	丁
43. 汗腺	（名）	hànxiàn	皮肤中起排汗作用的腺体。	
44. 畅通	（形）	chàngtōng	流通顺利，没有阻碍。	丁
45. 排泄	（动）	páixiè	从身体中排除出去。	
46. 戳	（动）	chuō	用尖锐的物体刺。	
47. 顽强	（形）	wánqiáng	坚强。	丙
48. 康复	（动）	kāngfù	恢复健康。	
49. 愈合	（动）	yùhé	伤口长好。	
50. 浮现	（动）	fúxiàn	出现。	
51. 凄厉	（形）	qīlì	（声音）悲惨而尖锐。	
52. 凶手	（名）	xiōngshǒu	行凶者，杀了人的人。	
53. 窒息	（动）	zhìxī	不能呼吸。	
54. 罪孽	（名）	zuìniè	犯的罪，罪恶。	
55. 深重	（形）	shēnzhòng	程度深，严重。	丁
56. 麻痹	（形、动）	mábì	身体某个部分失去感觉；放松警惕。	丁
57. 企图	（动）	qǐtú	希望达到某种目的。	乙
58. 赫然在目		hèrán zài mù	清楚明显地看见。	
59. 如影随形		rú yǐng suí xíng	好像影子跟随身体一样，比喻不能脱离。	
60. 橱窗	（名）	chúchuāng	用来展示商品或者报纸图片等物品的玻璃窗。	
61. 跌跌撞撞	（形）	diēdiēzhuàngzhuàng	走路不稳的样子。	
62. 酗酒	（动）	xùjiǔ	经常过量地喝酒，经常喝醉。	丁
63. 破裂	（动）	pòliè	物体裂开；关系变坏，不能再和好了。	丁
64. 难以自拔		nányǐ zì bá	很难使自己从某种困难中解脱出来。	
65. 泥沼	（名）	nízhǎo	烂泥坑，比喻困难的处境。	
66. 酒精	（名）	jiǔjīng	乙醇的通称。	丁
67. 罪恶	（名）	zuì'è	很大的罪。	丙
68. 自发	（形）	zìfā	个人或团体自己组织的。	丁
69. 医药	（名）	yīyào	泛指医疗和药品。	丁
70. 期间	（名）	qījiān	某段时间内。	乙
71. 戒	（动）	jiè	放弃某种嗜好。	
72. 牧师	（名）	mùshī	基督教中主持宗教仪式、管理教堂事务的人。	
73. 打消	（动）	dǎxiāo	消除某种想法。	
74. 本能	（名）	běnnéng	人天生就有的能力；自然的反应。	丁

75. 播放	（动）	bōfàng	通过电台、电视台等媒体传播新闻、音乐、电影等。	丁
76. 洋溢	（动）	yángyì	（情绪、气氛等）充分地显示。	
77. 露面		lòu miàn	（人物）出现。	丙
78. 亲友	（名）	qīnyǒu	亲人和朋友。	丁
79. 阻止	（动）	zǔzhǐ	阻拦，不让做。	丙
80. 克制	（动）	kèzhì	控制情绪、欲望。	
81. 赢得	（动）	yíngdé	得到。	丁
82. 私下	（副）	sīxià	不在公众面前。	
83. 警卫	（动、名）	jǐngwèi	保卫；担任保卫工作的人员。	丁
84. 转交	（动）	zhuǎnjiāo	把一方的东西交给另一方。	丁
85. 千言万语		qiān yán wàn yǔ	形容有很多要说的话。	
86. 湿润	（形）	shīrùn	潮湿润泽。	丙
87. 顿时	（副）	dùnshí	马上，立刻。	丙
88. 但愿	（动）	dànyuàn	希望。	

专名

阮金梅	Ruǎn Jīnméi	人名。
越南	Yuènán	国名。
约翰·柏拉默	Yuēhàn Bólāmò	人名。
古巴	Gǔbā	国名。
多伦多	Duōlúnduō	城市名，在加拿大。
哈瓦那	Hāwǎnà	城市名，古巴首都。
琼妮	Qióngní	人名。

词语、句式例释

1. 突然，黄功吾所拍摄的那张照片抓住了他的视线。（结构助词“所”）

“所”是结构助词，它用在及物动词之前，构成“所”字短语。“所”字短语是名词性短语。主要形式有下面三种：

A. **所＋动＋的＋名词** 即“所＋动＋的”用在名词前面，作定语。被修饰的名词在意义上是前面动词的受事。在口语中，“所”也可以不用。如：

（1）在这里，我所认识的人都是大学生。（口语：我认识的人都是大学生。）

（2）我们所知道的情况就是这些。（口语：我们知道的情况就是这些。）

（3）他们公司所生产的产品都很受欢迎。（口语：他们公司生产的产品都很受欢迎。）

B. **所+动+的** “所+动+的”结构代替名词(名词可以不出现)。在口语中,“所”可以不用。如:

(4)我所了解的只有这些,别的就不清楚了。(口语:我了解的只有这些。)

(5)你所听到的未必是真实的。(口语:你听到的未必是真实的。)

(6)事情发展的结果和我们所估计的完全一样。(口语:事情发展的结果和我们估计的完全一样。)

C. **所+动** 这种结构不加“的”代替名词,“所”后的动词一般是单音节的,“所”不能省。如:

(7)事情的发展果然不出我们所料。

(8)据我所知,他是北京大学毕业的。

(9)我一定尽自己所能,多做一些工作。

2. 经过14个月、17次艰难的植皮手术,小金梅竟然活了下来。

“竟然”是副词,表示出乎意料、没想到的语气,同“居然”一样。但“竟然”只能用在主语之后,“居然”一般也用在主语后,但有时可以用在主语前(如“这么大的事情,居然你不知道?”)。如:

(1)他的身体一向很好,可是这几天竟然感冒了。

(2)我没想到他竟然会做出这样的事来。

(3)北京的夏天竟然这么热,我没料到。

(4)这次比赛我们竟然输给了他们!

(5)她没料到事情的发展竟然是这样的。

3. 他梦见受伤的孩子一群群地向他扑来,骂着:“你这个凶手!还我们健康幸福!”这一幕幕噩梦令他窒息并且自觉罪孽深重。

“一群群”“一幕幕”是量词的一种重叠形式,表示数量多,前面的数词是“一”。如:

(1)孩子们一个个都天真可爱,招人喜欢。

(2)一天天过去了,父亲还是没回来。

(3)我一遍遍地回忆那些往事,那些美好的时光。

(4)前面的一座座高山挡住了去路。

(5)一次次的失败让他灰心丧气。

4. 在他眼前出现的这个33岁洋溢着甜美微笑的女人,就是留在他脑海中的永远是满脸伤痛的9岁小女孩儿。

“洋溢”是动词,后面一般有“着”,带抽象宾语,用于表示气氛、情绪、感情等充分表现出来。如:

(1)三月,公园里处处洋溢着春天的气息。

(2)她心里洋溢着幸福。

(3)大家脸上都洋溢着欢笑。

(4)欢迎会上洋溢着友好的气氛。

5. 他感到有千言万语,却无从说起。

“无从”是副词,表示由于主观或客观的原因,事情没有办法进行。一般用在双音节

动词之前。多用在书面语中。如:

(1)由于一点儿线索也没有,这个案件无从调查。

(2)这件事太复杂了,我无从解释。

(3)我的想法太多了,一下子还无从说起。

(4)他为什么这样做,我们无从了解。

6. 听到金梅的话,柏拉默感到如释重负,心头顿时轻松了许多。

“顿时”是副词,表示某一动作行为紧接着前面所说的情况发生;和“立刻、马上”同义。但“顿时”只用于已经发生的情况。可以用在句子前头。如:

(1)听了他的话,我顿时大笑起来。

(2)母亲进来一看,顿时脸色就变了。

(3)听说自己及格了,他心里顿时轻松起来。

(4)他一说这个消息,顿时大家就议论起来。

(5)他一进来,顿时孩子们就安静下来了。

练 习

一、熟读下面的词组,并选用其中合适的改写句子(有些句子可用两个):

不顾一切　难以自拔　千言万语　精心照料　掩饰不住　逐渐康复　尽力克制

1. 失业后,他整天都喝酒赌博,已经完全管不住自己了。
2. 我心里有许许多多的话,但一时却说不出来。
3. 经过大夫的治疗和母亲的细心照顾,两岁的孩子慢慢地好起来了。
4. 看到他们这么不讲理,我满心怒火,但是我还是控制着自己的情绪,和他们谈下去。
5. 虽然父母反对,朋友们也不支持,可她什么都不考虑,就跟那个男人结了婚。

二、写出下列词的近义词:

宁静(　　)　惊恐(　　)　艰难(　　)　康复(　　)

清晰(　　)　凄惨(　　)　顽强(　　)　企图(　　)

但愿(　　)　震惊(　　)　顿时(　　)　逃避(　　)

务必(　　)　忘却(　　)　克制(　　)　竟然(　　)

三、画线连成最合适的词组:

偏正		动宾	
刺耳的	寒风	张开	任务
慈爱的	受害者	克制	功能
无辜的	尖叫声	丧失	节目
漫长的	父亲	播放	嘴巴
微微的	旅程	执行	双臂
甜美的	微笑	伸开	情绪
		担任	指挥员

四、在下面的句子中加上"所"字：

1. 我找到的资料，都是解放以前的。
2. 我想到的就是这些。
3. 你说的我都明白了。
4. 他们了解的情况并不全面。
5. 他在西藏见到的、听到的东西都很新鲜。
6. 他们需要的，我们可以尽量满足。

五、用趋向补语填空：

1. 那些炸弹一接触地面就立刻飞溅（　　）。
2. 经过 17 次手术，金梅终于活（　　）了。
3. 只见四颗炸弹像天石一般地坠（　　）。
4. 看见那张照片，他跌跌撞撞地从酒吧里冲（　　）。
5. 在医院里的日子很难熬，可是在母亲的精心照顾下，金梅终于挺了（　　）。
6. 柏拉默把埋藏在心底的痛苦说了（　　）。
7. 虽然从未见过面，可是金梅一出现在主席台上，柏拉默就立刻认（　　）了。

六、在下面的名词前加上合适的量词：

一（　　）浓烟　　一（　　）画儿　　一（　　）炸弹

一（　　）手臂　　一（　　）悲剧

七、用指定的词语完成句子：

1. 看见炸弹从天上坠下来，金梅他们几个孩子 ________________。
（尖叫，拼命，向村外）
2. 柏拉默常常做噩梦，他梦见 ________________。
（一群群，扑，向他）
3. 柏拉默无法忘却那些往事，________________。
（只好，酗酒，麻醉）
4. 很多人都知道那张照片，是因为 ________________。
（知名度）
5. 柏拉默终于见到了金梅，他请求她原谅，金梅 ________________。
（伸出，拥抱）

八、用指定的词语完成句子：

1. 我从学校外边搬到了学校里住，________________。（以便）
2. 我要把办公室的电话号码记下来，________________。（以便）
3. 我以为他已经不认识我了，________________。（竟然）
4. 她身体上的伤已经愈合了，________________。（然而）
5. 让我解释吗？我觉得这个问题太复杂了，________________。（无从）
6. 这两天下了几场大雨，________________。（被……所……）
7. 我还能不能得到你们的信任，因为 ________________。（被……所……）

8. 她被车撞了一下，______________________________。（顿时）
9. 他的发言非常精彩，______________________________。（赢得）

九、根据课文内容填空：

1. 金梅（　　　）着身子（　　　）开双臂向村外（　　　）地奔跑。
2. 柏拉默（　　　）了酒，辞去了（　　　）不错的工作，（　　　）起牧师的职务。他向妻子（　　　）了那次轰炸的经过。
3. 柏拉默（　　　）过模糊的视线，在纸上写下了一行字："我就是那个人。我想（　　　）和你谈谈。"他把纸条（　　　）给了警卫，说："请你（　　　）把这张条儿（　　　）给她。"

十、用下列词语造句：

1. 一群群
2. 一遍遍
3. 顿时
4. 竟然
5. 洋溢着

十一、排列句子顺序，组成语段：

1. a. 还梦见受伤的孩子一群群地向他扑来
   b. 虽然远离了战场和硝烟
   c. 但是照片上的小女孩儿哭着奔跑的情景却常常清晰地浮现在眼前
   d. 他甚至能听到她发出的凄厉的尖叫声
   e. 这一幕幕噩梦令他窒息而且自觉罪孽深重

2. a. 以便更好地阻止世上一切有可能发生的战争
   b. 我希望和大家一起
   c. 永远记住那场战争悲剧
   d. 让世界上所有的人都过上和平幸福的生活
   e. 金梅的讲演赢得了阵阵掌声

3. a. 他陷入了难以自拔的痛苦泥沼
   b. 柏拉默的第二次婚姻最终在1979年破裂
   c. 因为酗酒
   d. 而且越陷越深，难以自拔
   e. 他知道只有一个人能救他——那个小女孩儿

4. a. 小金梅竟然活了下来
   b. 但是她的左臂功能几乎全部丧失
   c. 经过17次艰难的植皮手术
   d. 整个手掌像个紧缩的枯爪
   e. 头也无法自由转动

5. a. 心头顿时轻松了许多
   b. 柏拉默感到如释重负
   c. 听到金梅的话
   d. 两人同被战争所害
   e. 今天他们终于从彼此身上得到了安慰

十二、结合你了解的历史知识，说说你对战争与和平的看法。

阅读课文

永别了，武器（名著故事简介）

第一次世界大战期间，美国军人弗雷德里克·亨利在意大利服役。他认识了漂亮的英国护士凯瑟琳。凯瑟琳的未婚夫一年前死于战争。她认识亨利后，逐渐从悲伤中走了出来。可是亨利对爱情并不认真，只是把谈恋爱当成战争生活的调味品，并不是真心实意地爱她。在一次执行任务中，亨利藏身的防空洞被炮弹击中，他的头部、腿部都受了伤，失去了知觉，被救护车送到一家医院，正好凯瑟琳也被派到那家医院工作。经历过生命的危险后，亨利感到自己真的爱上了凯瑟琳。医生为他做了个成功的手术，从他腿上取出了好几块弹片。养伤期间，他们俩度过了甜蜜的时光，凯瑟琳怀孕了，可是，亨利却不得不重返前线。

回到前线，亨利发现，士兵们对生活的态度变得比以前更不认真，常常喝酒，吵吵闹闹，许多人都盼望战争结束。

在一场持续了数日的战斗之后，亨利随着意大利军队开始撤退。他们因担心空袭而离开大部队，走乡间小路。他们又累又饿，车还陷入了泥坑，两个士兵又想偷偷逃跑，亨利开枪打死了其中的一个。后来，前边没路了，他们又遭到了袭击，亨利和还活着的伙伴只好回到了大部队中。此时战地警察正将军官们从撤退队伍中抓出来，指控他们为了自己的生命而不顾士兵。亨利也被抓了出来，他只好跳入河中，抱着一根圆木漂走了。经过一段危险而劳累的奔跑后，他爬上了一列货车，来到了凯瑟琳所在的城市，可是她已经去了别的地方，亨利只好继续寻找，终于与凯瑟琳见面了。亨利想过平静的生活，可是军警还要抓他，因此他只好和凯瑟琳划船逃到了瑞士。在他们可以忘记战争，可以平静地生活的时候，凯瑟琳却因为难产，悲惨地离开了人世。

（原著作者为美国作家海明威 Ernest Hemingway）

第十四课

看世界在变

“过去的二十年对我来说是一个令人难以置信[1]的冒险过程。”比尔·盖茨，这位电脑行业的奇才[2]，在其畅销[3]书《未来之路》中，以这样一个充满感慨[4]的、追忆[5]性的句子开头。作为一名中国人，和他一样，对于过去的二十年，我也充满了感慨。

1986年5月间，我去海南岛开完会，归途中取道[6]上海，回了一趟母校复旦大学。这是我自1982年毕业以来第一次回母校。此行来去匆匆，除了应陈思和之邀与中文系文学专业毕业班同学搞了一次对话外，并无其他学术[7]活动，应该说，实际上这是一次私人访问，是一个对大学时代感到留恋的人的故地重游[8]。就在这个时期，复旦发生着她自70年代以来的最大变化，许多新建筑都在建造之中，我所熟悉的一些旧迹正在随之消失。仅隔四年，我对这个地方已有不少陌生感。其实这种陌生感主要不是来自校园景观[9]的变化，而是来自人文[10]景观的变化。当我注视着从身边走过的那些86年的复旦学生时，我充分体会到，短短的四年对生活来说足以[11]改变许多事情——他们的神态[12]显然比我们要轻松，而且连容貌都比我们要漂亮几分。回想70年代末，我进入大学读书的时候，情况是完全不一样的。那时的大学生富于热情却又刻苦有余，总的来说，每个人看起来都过于紧张，似乎是一群天生的读书狂。但是，在86年的复旦，这一类表情却失去了代表性。我的一些留校任教[13]的同学对我说，大学生已经变成了享乐[14]的一代。他们领我去校内新开张的咖啡馆，告诉我这里总是人满为患[15]；他们还说了几桩有趣的故事，而这些故事中的任何一个在四年前似乎都是不可想象的……

当然，所谓“享乐的一代”的说法肯定不能让八六级的大学生们接受，虽然在七七、七八级老大哥[16]看来，他们似乎已经担当[17]得起这种称号[18]，但令他们感到委屈的是，如果跟90年代大学校园里的那些孩子相比，他们根本就称不上什么“享乐的一代”了！

的确如此。在80年代以前或者刚刚开始时，大学校园里，女生中几乎没有人使用口红[19]之类的东西。而80年代中期以后，女大学生们化妆[20]打扮却不再是什么稀奇[21]的事，尽管她们通常舍不得用昂贵[22]的化妆品，而是去购买十元左右的质量低劣[23]的"万能"化妆盒，借以[24]满足美化自己的需要。可是在今天，如果你听说某个女大学生非名牌香水、唇膏[25]、睫毛[26]膏不用，你会吃惊么？对男生来说，倘若以吸烟为例的话，那么，我那时的同学当中的烟民[27]，绝大多数只吸得起"飞马牌"，能吸"前门牌"已算奢侈[28]。至于"凤凰[29]牌""牡丹牌"的，则无疑是"富得流油"的学生才吸得起。时隔十年，某大报发表了一篇关于北京大学生香烟消费情况的采访，指出像"金健""长乐"①这一类品牌[30]的香烟已难入大学生的眼，因为他们觉得拿不出手。我很想知道现在大学生中的香烟爱好者们所能接受的最低档次是什么。他们会不会连"希尔顿"也不屑一顾[31]了？

当然，这一切并不是孤立[32]的。当年，我们对于跳舞这样一种娱乐方式还很不习惯，需要鼓起[33]相当大的勇气[34]才敢在众目睽睽[35]之下走进舞场，而在80年代，大学生的交际舞已经跳得非常潇洒自如[36]了。至于90年代的大学生，据说已经不耐烦跳那种不紧不慢、磨磨蹭蹭[37]的交际舞[38]——他们喜欢的是狂放[39]、随意而又刺激的"蹦迪[40]"。当年，我们每天急急忙忙地吃晚饭，饭后发疯[41]似的涌向图书馆，提前到门外等候半小时，这么做不过是为了替自己和同寝室的几个哥儿们占领一个位置。到了80年代后期以及今天，愿意选择晚饭后留在宿舍里搓[42]麻将、看电视或侃大山[43]的人恐怕越来越多了。当年，我们这些大学生当中，很多人扛[44]着一颗死脑瓜走进大学，把自己的专业看得高于一切，摆出"忠臣[45]不事二主、好女不嫁二夫"②的架势[46]，下定决心，准备与自己的专业"白头到老"；到了80年代中期，大学校园里"跳槽"[47]转系的例子则屡见不鲜[48]，人们一旦发觉自己报考时志愿选错了便毅然[49]地、轻轻松松地告别旧专业，转到真正喜欢的新专业。而到了90年代，不少人甚至连这种兴致也没有了，他们把读什么专业看得很淡，或者说对此愈来愈[50]无所谓，读文学系丝毫[51]不意味着他们喜欢文学或打算从事这种工作，他们会告诉你，就实质[52]而言，任何专业都不过是通往最终取得毕业文凭[53]的渠道[54]罢了，至于将来究竟干什么，要由自己安排，而不是被专业或学校安排……

当代社会中，青年一代与上一代人之间的思想代沟曾是最敏感的热门话题之一，至今我仍记得，张抗抗的长篇小说《北极光》里面，80年代大学生是以何等[55]激烈的口吻[56]宣布他们的反叛[57]思想的。然而眼下[58]，谁还会对青年人同老年人之间的代沟表示在意[59]，表示大惊小怪[60]呢？实际上，迅速更替[61]的时代早已使得[62]青年人之间也产生出种种分歧[63]。如果说过去在价值观念上需要二三十年才分裂[64]出新的一代人，那么在最近的十来年当中，这种分裂却是以五六年为一个周期[65]发生着。二十五岁上下的人很可能会觉得自己对三十岁的人有许多搞不懂的地方，而一个在几年前曾经被看作反“传统”的青年，也许在几年后就被看成了遵守传统的人。

我时常吃惊地注视着这个飞奔[66]着的时代：世界在变化！我在迷惑中感受着它前进的力量。作为一个关注社会发展的人，作为一个文学工作者，我本能地想对各种社会现象作出某种判断或评价，但却又意识到，现在判断或评价还为时过早[67]。但无论如何，我们不能放弃观察和描述[68]，即使我们不能评价生活、干涉[69]生活，也至少应该知道，这世界正在和将要发生什么——未来的一代人，新时代的青年，他们会怎样对待自己和这个社会。我迫切[70]地想了解现在二十岁以下的年轻人的思想走向[71]，我不希望当它真的发生时，自己被弄得措手不及[72]，毕竟，这将是我们要共同面对的未来。

（作者李洁非，略有改动）

注释

① 飞马牌、前门牌、凤凰牌、牡丹牌、长乐、金健、希尔顿

都是香烟的牌子。

② 忠臣不事二主，好女不嫁二夫

意思是：忠诚的臣子只会为一个君主工作，好的女人不会再嫁第二个丈夫。形容非常忠实于自己的服务对象或事业。

生词

1. 置信	（动）	zhìxìn	相信。	
2. 奇才	（名）	qícái	少有的天才。	
3. 畅销	（动）	chàngxiāo	卖得很快、很多。	丁
4. 感慨	（动）	gǎnkǎi	感想，感叹。	丁
5. 追忆	（动）	zhuīyì	回忆。	
6. 取道	（动）	qǔdào	从某地经过。	
7. 学术	（名）	xuéshù	专门的、有系统的学问。	乙

8. 故地重游		gùdì chóng yóu	再次回到以前生活、工作、学习的地方。	
9. 景观	（名）	jǐngguān	景色，景物。	
10. 人文	（名）	rénwén	人类社会的文化现象。	
11. 足以	（动）	zúyǐ	完全可以。	丁
12. 神态	（名）	shéntài	表情，态度。	丁
13. 任教	（动）	rènjiào	担任教学工作。	
14. 享乐	（动）	xiǎnglè	享受快乐。	丁
15. 人满为患		rén mǎn wéi huàn	人太多，成为麻烦。	
16. 老大哥	（名）	lǎodàgē	对年纪比自己大的男性的尊称。	
17. 担当	（动）	dāndāng	承担。	
18. 称号	（名）	chēnghào	给予个人、团体、事物的名称。	丁
19. 口红	（名）	kǒuhóng	涂在嘴唇上，使嘴唇红润的化妆品。	
20. 化妆		huà zhuāng	修饰容貌。	丁
21. 稀奇	（形）	xīqí	稀少，奇怪。	
22. 昂贵	（形）	ángguì	价格高。	丁
23. 低劣	（形）	dīliè	差，不好。	
24. 借以	（动）	jièyǐ	用来达到（某种目的）。	
25. 膏	（名）	gāo	很稠的糊状物。	
26. 睫毛	（名）	jiémáo	眼眶边的毛。	
27. 烟民	（名）	yānmín	泛指吸烟的人。	
28. 奢侈	（形）	shēchǐ	过分地享受。	丁
29. 凤凰	（名）	fènghuáng	我国古代传说中的一种吉祥鸟。	丁
30. 品牌	（名）	pǐnpái	代表某种产品的名称。	
31. 不屑一顾		búxiè yí gù	不愿意看一下。	
32. 孤立	（形）	gūlì	和其他事情没有联系。	丙
33. 鼓（起）	（动）	gǔ	激励起。	丁
34. 勇气	（名）	yǒngqì	敢于做事情的勇敢精神。	乙
35. 众目睽睽		zhòng mù kuíkuí	很多人看着。	
36. 潇洒自如		xiāosǎ zìrú	很自然，一点儿也不紧张拘束的样子。	
37. 磨蹭	（动）	móceng	动作慢。	
38. 交际舞	（名）	jiāojìwǔ	由男女两人配合着跳的一种舞。	
39. 狂放	（形）	kuángfàng	非常随意，不受任何拘束。	
40. 蹦迪	（动）	bèngdí	跳迪斯科舞。	
41. 发疯		fā fēng	原指犯精神病，也指做事时超出一般常态。	
42. 搓（麻将）	（动）	cuō	两个手掌反复地摩擦，或把东西放在手中反复揉。	丙

43. 侃大山		kǎn dàshān	随意聊天儿。	
44. 扛	（动）	káng	用肩膀承担物体。	乙
45. 忠臣	（名）	zhōngchén	忠于君主、皇帝的臣子。	
46. 架势	（名）	jiàshi	姿态，动作的样子。	
47. 跳槽		tiào cáo	改变职业、专业、工作单位。	
48. 屡见不鲜		lǚ jiàn bù xiān	见得很多，已经不觉得新奇。	
49. 毅然	（副）	yìrán	非常坚决。	丁
50. 愈来愈……		yù lái yù	越来越……	丙
51. 丝毫	（形）	sīháo	极少，几乎完全没有。	丙
52. 实质	（名）	shízhì	事物的根本性质。	丙
53. 文凭	（名）	wénpíng	毕业证书。	丁
54. 渠道	（名）	qúdào	原指引水的沟，比喻途径。	丙
55. 何等	（副）	héděng	多么，表示程度深。	丁
56. 口吻	（名）	kǒuwěn	说话的语气。	
57. 反叛	（动）	fǎnpàn	背叛。	
58. 眼下	（名）	yǎnxià	目前，现在。	丁
59. 在意	（动）	zàiyì	在乎，放在心上。	丁
60. 大惊小怪		dà jīng xiǎo guài	对不应该感到奇怪的事表现得过分吃惊。	
61. 更替	（动）	gēngtì	变换，改变。	
62. 使得	（动）	shǐdé	使（产生某种结果）。	丙
63. 分歧	（名）	fēnqí	思想、意见存在的不同点。	丁
64. 分裂	（动）	fēnliè	从一个整体中分离出来。	丙
65. 周期	（名）	zhōuqī	事物运动、发展、变化的一个相对完整的阶段。	丁
66. 飞奔	（动）	fēibēn	很快地往前跑。	
67. 为时过早		wéi shí guò zǎo	（做某事的）时间还太早，还不到时候。	
68. 描述	（动）	miáoshù	描写叙述。	
69. 干涉	（动）	gānshè	强行制止或要过问。	丙
70. 迫切	（形）	pòqiè	急于想做，急切。	乙
71. 走向	（名）	zǒuxiàng	山脉的延伸方向；事物的发展方向。	丁
72. 措手不及		cuò shǒu bù jí	来不及处理应付。	

专 名

比尔·盖茨	Bǐ'ěr Gàicí	美国微软公司创始人。
复旦	Fùdàn	大学名，位于上海。
张抗抗	Zhāng Kàngkàng	人名，作家。

词语、句式例释

1. 短短的四年对生活来说足以改变许多事情。

“足以”表示完全足够或可以达到。“足以”后边一般是动词性短语。如：

(1)每月两千元，足以满足我的生活需要。

(2)这件事情的出现，足以告诉我们，问题并不那么简单。

(3)我们每天浪费的粮食足以让二十万人吃一天。

(4)现有的证据还不足以证明他犯了贪污罪。

2. 在七七、七八级老大哥看来，他们似乎已经担当得起这种称号，……

“在……看来”是一种固定格式，介词“在”引介出持有某种看法的人，整个格式用来引出下文所说的某种人的观点或看法。如：

(1)在我看来，这一切都是不可能的，是虚幻的。

(2)在父母看来，孩子只要听话，好好儿学习就行了。

(3)在领导看来，这样的人就是老实人。

(4)在学生看来，考试成绩是最重要的。

(5)在他们这些人看来，钱是最重要的，为了钱可以出卖良心。

3. 他们似乎已经担当得起这种称号。

“……得起/不起”是一种可能补语形式，用在动词后边，表示有或没有能力（包括经济能力）、能不能经受、够不够标准等。如：

(1)他已经有了足够的心理准备，再大的考验也能经得起。

(2)我相信你经受得起这种考验。

(3)她那么厉害，我惹不起。

(4)五星级饭店？我们住不起。

(5)这么大的打击，他承受不起。

4. 她们去买一些质量低劣的“万能”化妆盒，借以满足美化自己的需要。

“借以”是动词，用在后一分句，表示利用前面所说的方式来达到目的，后面带动词短语（其中的动词一般是双音节的），用于书面语。如：

(1)她下班后还去做点儿临时工作，借以补充家庭生活所需。

(2)退休后，他常常下棋、打球，借以打发时间。

(3)很多年轻人利用业余时间去上补习班，借以提高自己的能力。

(4)他给她送了很多次玫瑰花，借以表示自己的心意。

5. 倘若以吸烟为例的话，那么……

“倘若”是连词，相当于“如果”，用于书面语，后面常有“就、那么”等词语。如：

(1)倘若没有你们的大力帮助，我们就不可能取得今天的成功。

(2)倘若你们不赞成，那我就放弃我的建议。

(3)倘若你对这个问题的了解还不够深入，那么再作一些调查也好。

(4)倘若明天情况有变化，我们的计划就得作一些改变。

(5)一个民族倘若没有理想，就不会进步。

6. 迅速更替的时代早已<u>使得</u>青年人自己也生出种种分歧。

“使得”是动词，相当于“使”，表示由于前面所说的原因而引出的结果，后面必须带小句作宾语。如：

(1)科学技术的迅速发展，使得人们的生活方式迅速地发生变化。

(2)天气的突然变化，使得飞机的起飞时间延迟了两个小时。

(3)公司的破产使得他更加灰心丧气。

(4)销售额的上升使得他们信心倍增。

7. <u>如果说</u>过去在价值观念上需要二三十年才分裂出新的一代人，<u>那么</u>在最近的十来年当中，这种分裂却是以五六年为一个周期发生着。

“如果说……，那么……”是一种假设句式，“如果说”用在前一分句的前头，提出某种说法或事实作为依据，后一分句根据前一分句的说法或事实提出另一种说法或事实，作出推理判断或进行比较，全句的重点在于说明后一种情况，“那么”用在后一分句的前面。如：

(1)如果说他这样做是应该的，那么我们这样做也是合理的。

(2)如果说哈尔滨是北方的一块宝石，那么海南岛就是南方的一颗明珠。

(3)如果说，二十年前中国人的生活刚刚开始改善，那么今天中国人的生活已经初步达到了小康水平。

(4)如果说爱情生活是春天的花儿，那么婚姻生活就是秋天的果实——已经成熟了。

(5)如果说孩子们是花朵，那么老师们就是园丁，他们辛勤地培育着这些“花朵”。

练　习

一、熟读下面的词语，选择合适的改写句子：

大惊小怪	拿不出手	措手不及	磨磨蹭蹭
担当得起	屡见不鲜	为时过早	故地重游

1. 对我来说，北京已经不是陌生的地方了，因为这是我第二次到北京来。
2. 在网上找朋友并且谈恋爱，这样的事已经很多，不再稀奇了。
3. 二十二岁就结婚？我觉得太早了。
4. 这件事我来负责，出了问题我也能承担。
5. 你快点儿吧！都7点半了，你动作怎么那么慢啊？

二、用指定的词语完成句子：

1. 他没有什么经验，这么复杂的工作让他来承担，________________？（动＋得起）
2. 对她来说，这个打击太大了，________________________。（动＋不起）

3. 如果说对一个学生来说，考试成绩是很重要的，________________ ________。（那么，实际能力）
4. 如果说发展经济是为了提高人民生活水平，________________ ________。（那么，保护环境）
5. 不良的生活习惯对身体是有害的，________________。（以……为例）
6. 我知道自己做错了，就给母亲写了一封很长的信，________________ ________。（借以）
7. 倘若我们在工作中发现什么问题，________________。（就）
8. 他说话这么没礼貌，________________。（使得）
9. 这件事并不是什么重要的事，________________。（在意）
10. 对"什么是好工作"，不同的人有不同的看法。________________ ________。（在……看来）

三、画线连成最合适的词组：

动宾		主谓	
评价	外贸工作	质量	昂贵
取道	留恋	价格	轻松
感到	勇气	容貌	漂亮
鼓起	某人	神态	狂放
从事	南京	舞蹈	低劣

四、用指定的词语完成对话：

1. 甲：这张画儿画得真不错，送给李老师吧！
乙：________________（拿不出手）
2. 甲：李先生，您好，这次是到北京来开会的吧？
乙：________________（应……之邀）
3. 甲：听说她的衣服都是名牌服装，是吗？
乙：________________（非……不……）
4. 甲：现在的年轻人还喜欢看这种电影吗？
乙：________________（不屑一顾）
5. 甲：小方刚毕业三年，居然买上汽车了，真是不可思议！
乙：________________（大惊小怪）
6. 甲：高中毕业以后，你们俩见过面吗？
乙：________________（自……以来）
7. 甲：我给你买了一些面包、牛奶、水果，你看还需要些什么？
乙：________________（足以）
8. 甲：如果一对男女朋友的家庭背景很不相同，结婚后会影响以后的生活吗？
乙：________________（在我看来）

9. 甲：最近一些国家和地区都在讨论安乐死问题，你知道这件事吗？

乙：____（关注）

10. 甲：你觉得现在的大学生对婚姻问题是怎么看的？

乙：____（把……看得……）

五、用指定的书面语词语改写句子：

1. 这些证据完全可以说明他是真正的凶手。（足以）
2. 她急急忙忙地来，又急急忙忙地走了。（来去匆匆）
3. 他毕业后，不管家人的反对，坚决来到农村工作。（毅然）
4. 环境问题比以前更严重了。（愈来愈……）
5. 鲁迅的小说是多么深刻啊。（何等）
6. 患了癌症还这么乐观，这样的人多坚强！（何等）

六、成语填空：

众目（　　）（　　）　　（　　）手不及　　屡见不（　　）

人满为（　　）　　大惊小（　　）

七、选择合适的词语填空：

（观念、应、迷惑、口吻、干涉、鼓起、措手不及、在我的父母看来、分歧、档次、低劣）

1. （　　　　）子女们的婚姻是他们自己的事，父母不应该（　　　　）他们。
2. 青年人和老年人在价值（　　　　）上是很不一样的。
3. 虽然在场的有一百多人，我还是（　　　　）勇气唱了一首歌。
4. （　　　　）学校的邀请，我的父母于七月二日来到学校参加毕业典礼。
5. 我经常预习、复习，我不希望在考试到来时被弄得（　　　　）。
6. 这件事到底是对还是不对？我感到非常（　　　　）。
7. 不可否认，在一些问题上，我们两国之间还存在一定的（　　　　）。
8. 请你客气一点儿，你不能用这样的（　　　　）对我说话！
9. 这种产品的质量（　　　　），顾客都不愿意购买。
10. 这个饭店的（　　　　）太高了，1200 元一天，我可住不起。

八、根据课文内容，讨论下面的句子是否正确，并说明原因：

1. 作者对母校产生了陌生感，主要是因为校园建筑发生了许多变化。
2. 20 世纪 70 年代末的大学生跳舞跳得潇洒自如。
3. 20 世纪 90 年代的大学生比 80 年代的大学生还会享受生活。
4. 20 世纪 70 年代的大学生不轻易改变自己的专业。
5. 20 世纪 90 年代的大学生还常常讨论代沟问题。

九、用下列常用词语造句：

1. 实质
2. 在意
3. 分歧

4. 畅销
5. 使得

十、排列句子顺序，组成语段：

1. a. 而是去购买十元左右的质量低劣的化妆盒
   b. 女大学生们化妆打扮不再是什么稀奇的事
   c. 尽管她们通常舍不得用昂贵的化妆品
   d. 借以满足美化自己的需要
   e. 80 年代中期

2. a. 在七七、七八级老大哥看来
   b. 八六级的大学生们是“享乐的一代”
   c. 他们根本就称不上什么“享乐的一代”了
   d. 但令八六级的大学生感到委屈的是
   e. 如果跟 90 年代大学校园里的那些孩子相比

3. a. 那么泰山就是一位伟岸的男子汉
   b. 如果说西湖像一个秀美的女子
   c. 吸引了许多爱好南方风景的游人
   d. 召唤着许多北方风格的仰慕者

4. a. 自己被弄得措手不及
   b. 这世界正在和将要发生什么
   c. 即使我们不能评价生活、干涉生活
   d. 也至少应该知道
   e. 因为我不希望当这些事真的发生时

5. a. 所以应该说，实际上这是一次私人访问
   b. 因为除了应陈思和之邀与中文系毕业班同学搞了一次对话外
   c. 并无其他学术活动
   d. 也是一个对大学时代感到留恋的人的故地重游

十一、作文或讨论：说说你们现在的大学生与上个世纪 90 年代的大学生有什么异同之处。

阅读课文

人生中最不浪漫的 10 件事

15 岁时，我爱上邻家小妹，托同学傻大姐给她送复习资料，并在资料中夹了六个字：我们做朋友吧。结果，傻大姐误将信当作是给她的，半个月之内发疯地向我送过来微笑和巧克力。

19 岁，邻家小妹如愿地考上大学，在送别的站台上，我含泪想对小妹说点

儿什么。小妹的爸爸说：别再想着她了，去做点儿别的有意义的事情吧。

22岁，小妹回家探亲，发来电报让我去接她。终于等来那一天，打扮得整整齐齐去车站，苦等了三个小时，终于接到了小妹，还有她的男朋友。

23岁，第一次相亲，由于经费准备不足，将身份证抵押在相亲的茶楼老板那里，20天后才取回。

30岁，结婚5周年的纪念日，妻在电话里甜蜜地问：你知道今天是什么日子？答：今天是我们刘副科长的生日。

35岁生日这天，满身疲惫地回到家，家里漆黑一片，急急忙忙地四处寻找工具，准备去修理电灯，不料发现身后站着妻子和女儿，手上端着蜡烛和生日蛋糕，很扫兴的样子。

46岁，传闻邻家小妹已离了婚，并打来电话想见见面。10年来第一次有了打扮的冲动，从头到脚一番梳理后冲到约会的地方，在那儿，听胖得变了样的小妹讲了一晚上的商品推销。

55岁生日，老妻去女儿家照料外孙女了，女儿和女婿忙着生意上的应酬，只好自己给自己倒一杯酒，再往电台打个电话，自己祝自己生日快乐。

70岁，冬夜，落雪的日子，老两口相拥在被窝里，忽然想起多年前秋日那次热吻，想再试一次，结果，松动的假牙使我们失去了一切兴致。

75岁，坐在火炉前，火炉的火焰照出妻子年轻时的容颜，想对她说：永远爱你。但医生说，她的心脏经不起任何刺激，于是，只有轻轻伸出枯树般的手，从她久旱土地一般的脸上，轻轻拭去泪迹。

（转引自《北京青年报》，作者夏家新，有改动）

词汇总表

A

哀求	(动)	āiqiú	11
爱不释手		ài bú shì shǒu	4
安置	(动)	ānzhì	3
按劳取酬		àn láo qǔ chóu	9
案	(名)	àn	5
暗示	(动)	ànshì	11
昂贵	(形)	ángguì	14
傲气	(形)	àoqì	7

B

白(了一眼)	(动)	bái	4
白痴	(名)	báichī	4
百万富翁		bǎiwàn fùwēng	6
摆设	(名)	bǎishe	8
帮	(量)	bāng	8
包裹	(动、名)	bāoguǒ	13
包间	(名)	bāojiān	8
宝藏	(名)	bǎozàng	4
报答	(动)	bàodá	12
报信		bào xìn	2
抱怨	(动)	bàoyuàn	1
爆栗子	(名)	bàolìzi	4
背包	(名)	bēibāo	1
悲壮	(形)	bēizhuàng	4
背景	(名)	bèijǐng	6
本能	(名)	běnnéng	13
本身	(代)	běnshēn	2
本事	(名)	běnshi	8
笨鸟先飞		bèn niǎo xiān fēi	1
绷	(动)	bēng	13
蹦迪	(动)	bèngdí	14
比喻	(名、动)	bǐyù	1
笔名	(名)	bǐmíng	2
毕竟	(副)	bìjìng	5
闭门羹	(名)	bìméngēng	1
臂	(名)	bì	13
必然	(形)	bìrán	6
边检站	(名)	biānjiǎnzhàn	3
变幻	(动)	biànhuàn	1
表白	(动)	biǎobái	6
表态		biǎo tài	12
别致	(形)	biézhì	10
别扭	(形)	bièniu	2
宾主尽欢		bīn zhǔ jìn huān	4
彬彬有礼		bīnbīn yǒu lǐ	7
并非		bìng fēi	6
播放	(动)	bōfàng	13
不慎	(形)	búshèn	5
不胜枚举		bú shèng méi jǔ	11
不外乎		bú wài hū	9
不屑一顾		búxiè yí gù	14
不翼而飞		bú yì ér fēi	10
不置可否		bú zhì kě fǒu	4
补充	(动)	bǔchōng	9
不得了	(形)	bùdéliǎo	4
不法	(形)	bùfǎ	9
不拘小节		bù jū xiǎojié	11
不堪	(形)	bùkān	1

不可开交		bù kě kāi jiāo	12
不谋而合		bù móu ér hé	2
部下	（名）	bùxià	12

C

擦肩而过		cā jiān ér guò	1
草草	（副）	cǎocǎo	3
插图	（名）	chātú	8
拆字		chāi zì	2
产物	（名）	chǎnwù	2
产业	（名）	chǎnyè	8
阐述	（动）	chǎnshù	9
颤	（动）	chàn	9
长寿	（形）	chángshòu	11
常务	（形）	chángwù	8
常言	（名）	chángyán	11
场所	（名）	chǎngsuǒ	6
畅通	（形）	chàngtōng	13
畅销	（动）	chàngxiāo	14
嘲笑	（动）	cháoxiào	11
车闸	（名）	chēzhá	10
称号	（名）	chēnghào	14
称兄道弟		chēng xiōng dào dì	7
成家		chéng jiā	8
成年	（动）	chéngnián	5
成员	（名）	chéngyuán	8
承诺	（动、名）	chéngnuò	5
承受	（动）	chéngshòu	5
程序	（名）	chéngxù	3
吃喝玩乐		chī hē wán lè	2
持	（动）	chí	5
持续	（动）	chíxù	5
冲动	（形）	chōngdòng	11
冲突	（动）	chōngtū	6
崇拜	（动）	chóngbài	12
重温旧梦		chóng wēn jiù mèng	12
惆怅	（形）	chóuchàng	8
踌躇	（形）	chóuchú	3
出乎意料		chū hū yìliào	3
出事		chū shì	10
出于	（动）	chūyú	5
橱窗	（名）	chúchuāng	13
处罚	（动）	chǔfá	5
触动	（动）	chùdòng	5
触摸	（动）	chùmō	6
传呼	（动）	chuánhū	12
垂头丧气		chuí tóu sàng qì	12
锤子	（名）	chuízi	1
纯粹	（形）	chúncuì	6
纯洁	（形）	chúnjié	8
纯净	（形）	chúnjìng	8
戳	（动）	chuō	13
绰号	（名）	chuòhào	10
刺耳	（形）	cì'ěr	13
从宽（处理）	（动）	cóngkuān	5
从实招来		cóngshí zhāo lái	4
促使	（动）	cùshǐ	5
存款	（名）	cúnkuǎn	8
存心	（动）	cúnxīn	10
搓（麻将）	（动）	cuō	14
措辞	（动）	cuòcí	11
措手不及		cuò shǒu bù jí	14

D

答辩	（动）	dábiàn	3
打消	（动）	dǎxiāo	13
大方	（形）	dàfang	10
大家	（名）	dàjiā	7
大惊小怪		dà jīng xiǎo guài	14

大块头	（名）	dàkuàitóu	2
大名	（名）	dàmíng	2
大厦	（名）	dàshà	3
代价	（名）	dàijià	9
单薄	（形）	dānbó	13
单纯	（形）	dānchún	10
担当	（动）	dāndāng	14
胆怯	（形）	dǎnqiè	3
但愿	（动）	dànyuàn	13
当初	（名）	dāngchū	5
当中	（名）	dāngzhōng	9
当真	（副）	dàngzhēn	2
档次	（名）	dàngcì	12
得体	（形）	détǐ	11
得以	（动）	déyǐ	5
得意	（形）	déyì	6
低劣	（形）	dīliè	14
低三下四		dī sān xià sì	11
提防	（动）	dīfang	1
嘀咕	（动）	dígu	12
抵达	（动）	dǐdá	3
典故	（名）	diǎngù	2
电子	（名）	diànzǐ	3
跌跌撞撞	（形）	diēdiēzhuàngzhuàng	13
叮嘱	（动）	dīngzhǔ	8
东道主	（名）	dōngdàozhǔ	3
动机	（名）	dòngjī	5
动人	（形）	dòngrén	10
都市	（名）	dūshì	7
赌气		dǔ qì	2
赌咒		dǔ zhòu	10
渡过		dùguò	12
断定	（动）	duàndìng	11
对劲	（形）	duìjìn	6
对牛弹琴		duì niú tán qín	11
对手	（名）	duìshǒu	11
顿时	（副）	dùnshí	13
多半	（副）	duōbàn	12
多才多艺		duō cái duō yì	8

E

额外	（形）	éwài	9
噩梦	（名）	èmèng	11

F

发布	（动）	fābù	11
发财		fā cái	8
发疯		fā fēng	14
发誓		fā shì	10
发源	（动）	fāyuán	7
法规	（名）	fǎguī	9
翻脸		fān liǎn	11
烦躁	（形）	fánzào	12
繁体字	（名）	fántǐzì	2
反驳	（动）	fǎnbó	11
反倒	（副）	fǎndào	5
反馈	（动）	fǎnkuì	3
反叛	（动）	fǎnpàn	14
反省	（动）	fǎnxǐng	10
防备	（动）	fángbèi	1
放他一马		fàng tā yì mǎ	4
飞奔	（动）	fēibēn	14
飞溅	（动）	fēijiàn	13
非法	（形）	fēifǎ	9
肺腑	（名）	fèifǔ	12
分辨	（动）	fēnbiàn	2
分裂	（动）	fēnliè	14
分批		fēn pī	5
分歧	（名）	fēnqí	14
分外	（副）	fènwài	8
分子	（名）	fènzǐ	4
风尚	（名）	fēngshàng	2
讽刺	（动）	fěngcì	10

凤凰	（名）	fènghuáng	14
敷衍	（动）	fūyǎn	7
拂	（动）	fú	10
浮现	（动）	fúxiàn	13
腐败	（形）	fǔbài	9
付款		fù kuǎn	12
附	（动）	fù	5
赴	（动）	fù	3
赴约		fù yuē	5
腹	（名）	fù	12

G

改天	（副）	gǎitiān	12
干涉	（动）	gānshè	14
肝炎	（名）	gānyán	10
尴尬	（形）	gāngà	6
感慨	（动）	gǎnkǎi	14
高尚	（形）	gāoshàng	12
高薪养廉		gāo xīn yǎng lián	9
高雅	（形）	gāoyǎ	8
膏	（名）	gāo	14
告终	（动）	gàozhōng	3
格外	（副）	géwài	8
个人主页		gèrén zhǔyè	6
个体	（名）	gètǐ	6
个性	（名）	gèxìng	4
更换	（动）	gēnghuàn	10
更替	（动）	gēngtì	14
耿耿于怀		gěnggěng yú huái	2
梗	（动）	gěng	4
公正	（形）	gōngzhèng	5
功劳	（名）	gōngláo	4
功利	（名）	gōnglì	12
恭喜	（动）	gōngxǐ	11
共通	（形）	gòngtōng	4
孤立	（形）	gūlì	14
骨气	（名）	gǔqì	4
鼓（起）	（动）	gǔ	14
鼓动	（动）	gǔdòng	8
固执	（形）	gùzhí	12
故地重游		gùdì chóng yóu	14
顾虑	（名、动）	gùlǜ	5
挂钩		guà gōu	2
乖乖	（叹）	guāiguai	4
观念	（名）	guānniàn	1
官员	（名）	guānyuán	9
光顾	（动）	guānggù	12
广阔	（形）	guǎngkuò	6
鬼迷心窍		guǐ mí xīnqiào	10
国营	（形）	guóyíng	3
果断	（形）	guǒduàn	3
过渡	（动）	guòdù	3
过境处	（名）	guòjìngchù	1
过意不去		guò yì bú qù	5
过失	（名）	guòshī	2

H

海鲜	（名）	hǎixiān	12
含情脉脉		hán qíng mòmò	4
汗腺	（名）	hànxiàn	13
毫无顾忌		háo wú gùjì	6
豪华	（形）	háohuá	12
豪爽	（形）	háoshuǎng	7
合法	（形）	héfǎ	9
合算	（形）	hésuàn	7
合资	（动）	hézī	3
何等	（副）	héděng	14
和善	（形）	héshàn	10
和谐	（形）	héxié	3
赫然在目		hèrán zài mù	13
嘿	（叹）	hēi	3
哼	（动）	hēng	7
轰炸	（动）	hōngzhà	13

红包	（名）	hóngbāo	9
红火	（形）	hónghuo	8
红颜知己		hóngyán zhījǐ	12
喉头	（名）	hóutóu	4
呼机	（名）	hūjī	5
呼啸	（动）	hūxiào	13
忽略	（动）	hūlüè	6
胡说八道		hú shuō bā dào	4
唬	（动）	hǔ	4
花花绿绿	（形）	huāhuālǜlǜ	7
滑稽	（形）	huáji	2
化解	（动）	huàjiě	10
化妆		huà zhuāng	14
话里有话		huà lǐ yǒu huà	11
话筒	（名）	huàtǒng	8
怀旧	（动）	huáijiù	7
欢呼	（动）	huānhū	12
欢快	（形）	huānkuài	12
唤	（动）	huàn	8
慌乱	（形）	huāngluàn	10
晃动	（动）	huàngdòng	8
灰姑娘	（名）	huīgūniang	4
辉煌	（形）	huīhuáng	1
回避	（动）	huíbì	10
回敬	（动）	huíjìng	11
回首	（动）	huíshǒu	5
毁灭	（动）	huǐmiè	13
汇报	（动）	huìbào	3
贿赂	（动）	huìlù	9
毁灭	（动）	huǐmiè	13
昏迷不醒		hūnmí bù xǐng	10
混日子		hùn rìzi	8
火焰	（名）	huǒyàn	13
伙伴	（名）	huǒbàn	12
伙计	（名）	huǒji	8
或许	（副）	huòxǔ	1
货币	（名）	huòbì	2
货色	（名）	huòsè	2
获取	（动）	huòqǔ	6

J

机电	（名）	jīdiàn	3
激发	（动）	jīfā	11
激化	（动）	jīhuà	11
急于	（动）	jíyú	6
计算器	（名）	jìsuànqì	3
记性	（名）	jìxing	12
伎俩	（名）	jìliǎng	2
寂静	（形）	jìjìng	10
寂寞	（形）	jìmò	10
家伙	（名）	jiāhuo	8
家族	（名）	jiāzú	11
假定	（动）	jiǎdìng	8
假设	（名、动）	jiǎshè	6
架势	（名）	jiàshi	14
尖叫	（动）	jiānjiào	13
艰难	（形）	jiānnán	13
监督	（动）	jiāndū	9
简历	（名）	jiǎnlì	3
简陋	（形）	jiǎnlòu	1
见利忘义		jiàn lì wàng yì	9
见钱眼开		jiàn qián yǎn kāi	9
见世面		jiàn shìmian	4
键盘	（名）	jiànpán	6
将就	（动）	jiāngjiu	4
交代	（动）	jiāodài	11
交际舞	（名）	jiāojìwǔ	14
角度	（名）	jiǎodù	11
绞	（动）	jiǎo	4
教养	（名）	jiàoyǎng	7
皆	（副）	jiē	10
接济	（动）	jiējì	4
节俭	（形）	jiéjiǎn	7
结识	（动）	jiéshí	8
睫毛	（名）	jiémáo	14

解救	（动）	jiějiù	11
解脱	（动）	jiětuō	5
介意	（动）	jièyì	1
戒	（动）	jiè	13
戒备	（动）	jièbèi	10
借以	（动）	jièyǐ	14
金额	（名）	jīn'é	9
矜持	（形）	jīnchí	10
筋疲力尽		jīn pí lì jìn	1
尽快	（副）	jǐnkuài	3
谨慎	（形）	jǐnshèn	5
尽兴	（动）	jìnxìng	8
京腔	（名）	jīngqiāng	7
经费	（名）	jīngfèi	1
经商		jīng shāng	7
惊骇	（形）	jīnghài	11
惊慌失措		jīnghuāng shī cuò	10
惊叫	（动）	jīngjiào	10
惊恐	（形）	jīngkǒng	13
精打细算		jīng dǎ xì suàn	7
井井有条		jǐngjǐng yǒu tiáo	8
井然有序		jǐngrán yǒu xù	7
景观	（名）	jǐngguān	14
警卫	（动、名）	jǐngwèi	13
净化	（动）	jìnghuà	10
久而久之		jiǔ ér jiǔ zhī	6
酒精	（名）	jiǔjīng	13
酒楼	（名）	jiǔlóu	12
旧社会	（名）	jiùshèhuì	2
就	（介）	jiù	6
就……而言		jiù …… ér yán	6
拘谨	（形）	jūjǐn	6
局限	（动）	júxiàn	11
沮丧	（形）	jǔsàng	1
剧烈	（形）	jùliè	3
聚	（动）	jù	12
聚会	（动）	jùhuì	8
绝症	（名）	juézhèng	7
觉察	（动）	juéchá	12

K

开场白	（名）	kāichǎngbái	6
开除	（动）	kāichú	4
开拓	（动）	kāituò	3
刊登	（动）	kāndēng	5
刊物	（名）	kānwù	8
坎	（名）	kǎn	10
侃大山		kǎn dàshān	14
康复	（动）	kāngfù	13
扛	（动）	káng	14
磕	（动）	kē	10
可想而知		kě xiǎng ér zhī	9
克制	（动）	kèzhì	13
客户	（名）	kèhù	3
客套话	（名）	kètaohuà	6
恳求	（动）	kěnqiú	11
坑	（动）	kēng	7
恐惧	（形）	kǒngjù	5
口红	（名）	kǒuhóng	14
口吻	（名）	kǒuwěn	14
夸张	（形）	kuāzhāng	10
跨越	（动）	kuàyuè	13
宽敞	（形）	kuānchang	1
宽心		kuān xīn	10
狂放	（形）	kuángfàng	14
奎	（名）	kuí	2

L

拉	（动）	lā	7
蜡炬	（名）	làjù	4
来源	（动、名）	láiyuán	6
懒散	（形）	lǎnsǎn	1

懒洋洋	（形）	lǎnyángyáng	12
浪漫	（形）	làngmàn	1
浪子	（名）	làngzǐ	5
老大	（名）	lǎodà	2
老大哥	（名）	lǎodàgē	14
乐意	（动）	lèyì	11
雷同	（动）	léitóng	2
类似	（动）	lèisì	2
冷场		lěng chǎng	3
里弄	（名）	lǐlòng	7
理睬	（动）	lǐcǎi	8
理由	（名）	lǐyóu	2
理直气壮		lǐ zhí qì zhuàng	11
理智	（形）	lǐzhì	1
力求	（动）	lìqiú	11
立马	（副）	lìmǎ	7
例外	（名）	lìwài	12
连连	（副）	liánlián	10
连声	（副）	liánshēng	11
怜悯	（动）	liánmǐn	12
联手		lián shǒu	8
廉洁	（形）	liánjié	9
脸皮	（名）	liǎnpí	9
恋恋不舍		liànliàn bù shě	1
两难	（形）	liǎngnán	12
了不得	（形）	liǎobudé	4
烈日	（名）	lièrì	1
淋浴	（动）	línyù	1
领教	（动）	lǐngjiào	12
领域	（名）	lǐngyù	3
溜达	（动）	liūda	10
溜走		liū zǒu	11
浏览	（动）	liúlǎn	3
流浪	（动）	liúlàng	5
留恋	（动）	liúliàn	8
留心		liú xīn	2
留言板	（名）	liúyánbǎn	6
留意		liú yì	1
隆隆	（拟声）	lónglóng	13
露面		lòu miàn	13
录用	（动）	lùyòng	3
驴肝肺	（名）	lǘgānfèi	12
屡见不鲜		lǚ jiàn bù xiān	14
缕	（量）	lǚ	10
律师	（名）	lǜshī	5
略微	（副）	lüèwēi	11
伦理	（名）	lúnlǐ	2
论调	（名）	lùndiào	4
逻辑	（名）	luójí	9
落空		luò kōng	2
落款	（名）	luòkuǎn	8

M

麻痹	（形、动）	mábì	13
马不停蹄		mǎ bù tíng tí	3
买账		mǎi zhàng	11
漫长	（形）	màncháng	10
漫画	（名）	mànhuà	6
漫无目的		màn wú mùdì	3
忙碌	（形）	mánglù	12
茫茫	（形）	mángmáng	5
茫然	（形）	mángrán	7
冒（出来）	（动）	mào	1
冒险		mào xiǎn	9
没好气		méi hǎo qì	4
没准儿		méi zhǔnr	11
眉头	（名）	méitóu	10
美满	（形）	měimǎn	6
魅力	（名）	mèilì	6
门牌	（名）	ménpái	7
闷热	（形）	mēnrè	1
迷彩服	（名）	mícǎifú	13
迷惑	（形、动）	míhuò	12
密密麻麻	（形）	mìmimámá	7
免不了	（动）	miǎnbuliǎo	2

腼腆	（形）	miǎntiǎn	3
面容	（名）	miànróng	13
苗条	（形）	miáotiao	8
描绘	（动）	miáohuì	5
描述	（动）	miáoshù	14
妙语连珠		miàoyǔ lián zhū	12
泯	（动）	mǐn	11
敏感	（形）	mǐngǎn	13
名气	（名）	míngqì	7
名堂	（名）	míngtang	4
模式	（名）	móshì	7
磨蹭	（动）	móceng	14
沫	（名）	mò	2
莫非	（副）	mòfēi	8
默默	（副）	mòmò	10
默默无闻		mòmò wú wén	8
牧师	（名）	mùshī	13

N

那个	（代）	nàge	2
乃至	（连）	nǎizhì	5
难关	（名）	nánguān	1
难以自拔		nányǐ zì bá	13
喃喃	（拟声）	nánnán	13
囊中羞涩		náng zhōng xiūsè	2
恼火	（形）	nǎohuǒ	10
内地	（名）	nèidì	11
内疚	（形）	nèijiù	8
内行	（形）	nèiháng	8
泥泞	（形）	nínìng	1
泥沼	（名）	nízhǎo	13
匿名	（动）	nìmíng	5
年迈	（形）	niánmài	5
年轻气盛		niánqīng qìshèng	2
念头	（名）	niàntou	12
凝固	（动）	nínggù	13
宁愿	（副）	nìngyuàn	1
侬	（代）	nóng	7
怒气冲冲		nùqì chōngchōng	11
女式	（形）	nǚshì	10

P

徘徊	（动）	páihuái	3
排外	（动）	páiwài	4
排泄	（动）	páixiè	13
盘算	（动）	pánsuan	12
盘旋	（动）	pánxuán	13
判	（动）	pàn	5
佩服	（动）	pèifú	8
疲惫	（形）	píbèi	12
匹夫	（名）	pǐfū	7
瞥	（动）	piē	10
贫困	（形）	pínkùn	1
频繁	（形）	pínfán	6
品牌	（名）	pǐnpái	14
平和	（形）	pínghé	1
平衡	（形）	pínghéng	9
平稳	（形）	píngwěn	8
迫不及待		pò bù jí dài	2
迫切	（形）	pòqiè	14
破裂	（动）	pòliè	13

Q

七窍生烟		qī qiào shēng yān	12
凄惨	（形）	qīcǎn	13
凄厉	（形）	qīlì	13
期待	（动）	qīdài	5
期间	（名）	qījiān	13

奇才	（名）	qícái	14
企图	（动）	qǐtú	13
启事	（名）	qǐshì	3
起点	（名）	qǐdiǎn	7
起劲	（形）	qǐjìn	7
起先	（副）	qǐxiān	13
起眼儿	（形）	qǐyǎnr	1
气节	（名）	qìjié	4
气质	（名）	qìzhì	8
掐	（动）	qiā	4
恰巧	（副）	qiàqiǎo	1
千言万语		qiān yán wàn yǔ	13
牵连	（动）	qiānlián	5
签	（动）	qiān	2
前所未有		qián suǒ wèi yǒu	10
浅薄	（形）	qiǎnbó	7
歉意	（名）	qiànyì	3
强硬	（形）	qiángyìng	11
抢劫	（动）	qiǎngjié	5
俏皮话	（名）	qiàopihuà	7
撬（锁）	（动）	qiào	10
怯生生	（形）	qièshēngshēng	3
亲吻	（动）	qīnwěn	8
亲友	（名）	qīnyǒu	13
勤快	（形）	qínkuai	7
轻而易举		qīng ér yì jǔ	6
轻浮	（形）	qīngfú	11
轻举妄动		qīng jǔ wàng dòng	11
轻视	（动）	qīngshì	7
清贫	（形）	qīngpín	12
清爽	（形）	qīngshuǎng	8
清晰	（形）	qīngxī	13
情操	（名）	qíngcāo	2
情调	（名）	qíngdiào	1
情怀	（名）	qínghuái	6
情理	（名）	qínglǐ	12
情侣	（名）	qínglǚ	1
区域	（名）	qūyù	13
渠道	（名）	qúdào	14
取长补短		qǔ cháng bǔ duǎn	7
取代	（动）	qǔdài	6
取道	（动）	qǔdào	14
全心全意		quán xīn quán yì	6
权益	（名）	quányì	13
劝说	（动）	quànshuō	5
缺陷	（名）	quēxiàn	7
确认	（动）	quèrèn	6

R

扰乱	（动）	rǎoluàn	1
热泪盈眶		rèlèi yíng kuàng	12
热流	（名）	rèliú	8
热气腾腾		rèqì téngténg	8
热线	（名）	rèxiàn	5
人际	（形）	rénjì	6
人满为患		rén mǎn wéi huàn	14
人文	（名）	rénwén	14
人性	（名）	rénxìng	9
人仰马翻		rén yǎng mǎ fān	10
任	（量）	rèn	10
任教	（动）	rènjiào	14
融洽	（形）	róngqià	12
如梦初醒		rú mèng chū xǐng	12
如释重负		rú shì zhòng fù	12
如影随形		rú yǐng suí xíng	13
如愿以偿		rú yuàn yǐ cháng	11
辱骂	（动）	rǔmà	10

S

撒	(动)	sā	7
塞翁失马		sàiwēng shī mǎ	11
三流	(形)	sānliú	2
桑拿浴	(名)	sāngnáyù	12
丧失	(动)	sàngshī	13
扫兴		sǎo xìng	12
色鬼	(名)	sèguǐ	12
色泽	(名)	sèzé	12
沙滩	(名)	shātān	1
刹车	(名、动)	shāchē	10
鲨鱼	(名)	shāyú	4
山胞	(名)	shānbāo	4
闪开		shǎnkāi	10
擅自	(副)	shànzì	9
伤痕	(名)	shānghén	5
商标	(名)	shāngbiāo	2
商谈	(动)	shāngtán	3
商讨	(动)	shāngtǎo	11
赏脸		shǎng liǎn	12
上校	(名)	shàngxiào	13
尚	(副)	shàng	3
奢侈	(形)	shēchǐ	14
设计	(动)	shèjì	3
设置	(动)	shèzhì	3
身材	(名)	shēncái	8
身价	(名)	shēnjià	7
深重	(形)	shēnzhòng	13
神经兮兮		shénjīng xīxī	4
神秘	(形)	shénmì	6
神气活现		shénqì huóxiàn	4
神态	(名)	shéntài	14
渗	(动)	shèn	8
省会	(名)	shěnghuì	8
省事		shěng shì	2
失灵	(动)	shīlíng	10
失信		shī xìn	7
诗意	(名)	shīyì	7
湿润	(形)	shīrùn	13
十足	(形)	shízú	7
(中午)时分	(名)	shífēn	3
时光	(名)	shíguāng	1
实惠	(名)	shíhuì	9
实力	(名)	shílì	8
实质	(名)	shízhì	14
食欲	(名)	shíyù	12
使得	(动)	shǐdé	14
世俗	(名)	shìsú	6
市民	(名)	shìmín	7
视野	(名)	shìyě	6
试探	(动)	shìtàn	5
誓言	(名)	shìyán	10
(一)手	(量)	shǒu	8
手舞足蹈		shǒu wǔ zú dǎo	3
守信		shǒu xìn	7
寿司	(名)	shòusī	4
受宠若惊		shòu chǒng ruò jīng	4
受贿		shòu huì	9
受难		shòu nàn	12
受罪		shòu zuì	5
疏远	(形)	shūyuǎn	7
舒畅	(形)	shūchàng	8
树立	(动)	shùlì	11
水准	(名)	shuǐzhǔn	9
顺口	(形)	shùnkǒu	2
顺理成章		shùn lǐ chéng zhāng	2
顺其自然		shùn qí zìrán	1
瞬间	(名)	shùnjiān	12
说教	(动)	shuōjiào	7
硕士	(名)	shuòshì	3
丝毫	(形)	sīháo	14
司法	(动)	sīfǎ	9
私下	(副)	sīxià	13

私营	(形)	sīyíng	3
思索	(动)	sīsuǒ	11
思维	(名)	sīwéi	7
死心		sǐ xīn	12
死刑	(名)	sǐxíng	5
松弛	(形)	sōngchí	3
酥油	(名)	sūyóu	9
俗	(形)	sú	7
俗气	(形)	súqi	2
素质	(名)	sùzhì	7
塑胶	(名)	sùjiāo	4
算得上		suàn de shàng	8
算计	(动)	suànji	7
随笔	(名)	suíbǐ	2
随后	(副)	suíhòu	3
随时随地		suíshí suídì	12
随心所欲		suí xīn suǒ yù	2
随意	(形)	suíyì	2
笋	(名)	sǔn	4
所得		suǒ dé	9
所在地	(名)	suǒzàidì	5

T

贪官	(名)	tānguān	9
贪污	(动)	tānwū	9
贪心	(形)	tānxīn	11
摊儿	(名)	tānr	5
谈情说爱		tán qíng shuō ài	6
谈天说地		tán tiān shuō dì	6
谈吐	(名)	tántǔ	12
坦率	(形)	tǎnshuài	7
探讨	(动)	tàntǎo	6
堂哥	(名)	tánggē	2
淘金		táo jīn	3
淘气		táo qì	10
淘汰	(动)	táotài	3
特定	(形)	tèdìng	2
啼哭	(动)	tíkū	2
提议	(动)	tíyì	8
体谅	(动)	tǐliàng	12
体验	(动)	tǐyàn	1
天窗	(名)	tiānchuāng	1
天使	(名)	tiānshǐ	6
天性	(名)	tiānxìng	6
迢迢	(形)	tiáotiáo	4
调整	(动)	tiáozhěng	1
挑	(动)	tiǎo	4
挑衅	(动)	tiǎoxìn	11
跳槽		tiào cáo	14
通常	(形)	tōngcháng	12
同行	(名)	tóngháng	12
(一)通	(量)	tòng	12
痛恨	(动)	tònghèn	4
投案		tóu àn	5
投入	(动)	tóurù	12
徒刑	(名)	túxíng	5
途径	(名)	tújìng	5
途中	(名)	túzhōng	10
土壤	(名)	tǔrǎng	6
土著	(名)	tǔzhù	1
推辞	(动)	tuīcí	8
推荐	(动)	tuījiàn	11
拖鞋	(名)	tuōxié	10

W

外在	(形)	wàizài	6
完好	(形)	wánhǎo	13
完善	(形、动)	wánshàn	9
顽强	(形)	wánqiáng	13
挽	(动)	wǎn	6
挽回	(动)	wǎnhuí	11
晚点		wǎn diǎn	1
晚年	(名)	wǎnnián	2

莞尔一笑		wǎn'ěr yí xiào	4
网络	（名）	wǎngluò	6
网友	（名）	wǎngyǒu	6
旺	（形）	wàng	9
危机	（名）	wēijī	11
为时过早		wéi shí guò zǎo	14
为之一颤		wèi zhī yí chàn	13
围绕	（动）	wéirào	5
违法		wéi fǎ	9
唯一	（形）	wéiyī	5
维他肉松		wéitā ròusōng	4
委婉	（形）	wěiwǎn	11
未曾	（副）	wèicéng	6
畏惧	（动）	wèijù	9
文火	（名）	wénhuǒ	4
文凭	（名）	wénpíng	14
嗡	（拟声）	wēng	13
蜗牛	（名）	wōniú	1
我行我素		wǒ xíng wǒ sù	4
巫师	（名）	wūshī	11
无辜	（形）	wúgū	13
无拘无束		wú jū wú shù	6
无理取闹		wú lǐ qǔ nào	11
无期徒刑		wúqī túxíng	5
无所不谈		wú suǒ bù tán	2
无所顾忌		wú suǒ gùjì	6
无影无踪		wú yǐng wú zōng	10
勿	（副）	wù	5
务必	（副）	wùbì	5
务实	（动、形）	wùshí	7
悟	（动）	wù	3

X

夕阳	（名）	xīyáng	1
稀客	（名）	xīkè	8
稀奇	（形）	xīqí	14
嘻嘻哈哈	（形）	xīxīhāhā	7
膝盖	（名）	xīgài	10
袭击	（动）	xíjī	13
喜气洋洋		xǐqì yángyáng	2
喜悦	（形）	xǐyuè	1
戏弄	（动）	xìnòng	11
细节	（名）	xìjié	3
狭小	（形）	xiáxiǎo	1
下不为例		xià bù wéi lì	9
鲜艳	（形）	xiānyàn	12
显而易见		xiǎn ér yì jiàn	11
现场	（名）	xiànchǎng	3
馅儿	（名）	xiànr	4
相比之下		xiāng bǐ zhī xià	1
相差甚远		xiāng chà shèn yuǎn	7
相关	（动）	xiāngguān	9
相好	（名）	xiānghǎo	8
相继	（副）	xiāngjì	11
相提并论		xiāng tí bìng lùn	7
相投	（形）	xiāngtóu	8
享乐	（动）	xiǎnglè	14
响亮	（形）	xiǎngliàng	2
向往	（动）	xiàngwǎng	1
像模像样		xiàng mú xiàng yàng	8
橡皮筋	（名）	xiàngpíjīn	4
消除	（动）	xiāochú	11
硝烟	（名）	xiāoyān	13
潇洒	（形）	xiāosǎ	10
潇洒自如		xiāosǎ zìrú	14
小名	（名）	xiǎomíng	2
小心翼翼		xiǎoxīn yìyì	5
效益	（名）	xiàoyì	12
邪念	（名）	xiéniàn	11
斜坡	（名）	xiépō	10
谐音	（动）	xiéyīn	2
心地	（名）	xīndì	4
心烦意乱		xīn fán yì luàn	1

Y

异性	（名）	yìxìng	6
轶文	（名）	yìwén	2
意料	（动、名）	yìliào	10
意识到	（动）	yìshidào	5
意图	（名）	yìtú	12
意味着	（动）	yìwèizhe	5
意志	（名）	yìzhì	1
毅然	（副）	yìrán	14
音近		yīn jìn	2
音响	（名）	yīnxiǎng	8
引导	（动）	yǐndǎo	11
引以为荣		yǐn yǐ wéi róng	7
隐蔽	（形）	yǐnbì	6
应酬	（名、动）	yìngchou	12
应聘	（动）	yìngpìn	3
赢得	（动）	yíngdé	13
硬邦邦	（形）	yìngbāngbāng	1
勇气	（名）	yǒngqì	14
勇于	（动）	yǒngyú	6
涌	（动）	yǒng	8
用餐		yòng cān	3
优势	（名）	yōushì	6
优雅	（形）	yōuyǎ	1
优越	（形）	yōuyuè	7
忧伤	（形）	yōushāng	1
幽默	（形）	yōumò	1
犹如	（动）	yóurú	13
邮戳	（名）	yóuchuō	5
油	（形）	yóu	7
油腔滑调		yóu qiāng huá diào	7
有气无力		yǒu qì wú lì	2
有权有势		yǒu quán yǒu shì	8
有色眼镜		yǒusè yǎnjìng	1
有声有色		yǒu shēng yǒu sè	8
有意	（副）	yǒuyì	10
诱惑	（动）	yòuhuò	3
余地	（名）	yúdì	4
娱乐城	（名）	yúlèchéng	8
预测	（动）	yùcè	5
欲	（名）	yù	9
欲望	（名）	yùwàng	9
寓言	（名）	yùyán	11
愈合	（动）	yùhé	13
愈来愈……		yù lái yù	14
缘故	（名）	yuángù	2
缘木求鱼		yuán mù qiú yú	9
源泉	（名）	yuánquán	1
远大	（形）	yuǎndà	8
月老	（名）	yuèlǎo	6
岳母	（名）	yuèmǔ	4
晕	（动）	yūn	13

Z

在即	（动）	zàijí	3
在意	（动）	zàiyì	14
赞许	（动）	zànxǔ	2
则	（量）	zé	11
责备	（动）	zébèi	8
增添	（动）	zēngtiān	6
沾亲带故		zhān qīn dài gù	2
展示	（动）	zhǎnshì	6
崭新	（形）	zhǎnxīn	1
占有	（动）	zhànyǒu	9
战战兢兢	（形）	zhànzhànjīngjīng	9
长相	（名）	zhǎngxiàng	6
掌管	（动）	zhǎngguǎn	9
障碍	（名）	zhàng'ài	1
兆头	（名）	zhàotou	11
折扣	（名）	zhékòu	3
真心实意		zhēnxīn shíyì	12
镇	（名）	zhèn	5
震耳欲聋		zhèn ěr yù lóng	13
震惊	（形）	zhènjīng	13
争执	（动）	zhēngzhí	3
整体	（名）	zhěngtǐ	6

整整	(副)	zhěngzhěng	5
正宗	(形)	zhèngzōng	7
挣脱		zhèngtuō	10
证据	(名)	zhèngjù	9
支吾	(动)	zhīwu	10
知己	(名)	zhījǐ	6
执意	(副)	zhíyì	8
直截了当		zhíjié liǎodàng	6
直统统	(形)	zhítǒngtǒng	7
值班		zhí bān	5
职务	(名)	zhíwù	9
职员	(名)	zhíyuán	7
职责	(名)	zhízé	13
植皮		zhí pí	13
止境	(名)	zhǐjìng	3
指责	(动)	zhǐzé	6
至多	(副)	zhìduō	8
治理	(动)	zhìlǐ	9
秩序	(名)	zhìxù	7
窒息	(动)	zhìxī	13
智慧	(名)	zhìhuì	11
置信	(动)	zhìxìn	14
忠臣	(名)	zhōngchén	14
众多	(形)	zhòngduō	1
众目睽睽		zhòng mù kuíkuí	14
重金	(名)	zhòngjīn	11
周期	(名)	zhōuqī	14
主考官	(名)	zhǔkǎoguān	3
助理	(名)	zhùlǐ	8
注册	(动)	zhùcè	2
注定	(动)	zhùdìng	1
注目	(动)	zhùmù	6
注重	(动)	zhùzhòng	6
爪子	(名)	zhuǎzi	6
专利	(名)	zhuānlì	2
转交	(动)	zhuǎnjiāo	13
转危为安		zhuǎn wēi wéi ān	11
装	(动)	zhuāng	10
装潢	(动)	zhuānghuáng	8
撞车		zhuàng chē	2
追忆	(动)	zhuīyì	14
捉弄	(动)	zhuōnòng	10
着手	(动)	zhuóshǒu	3
咨询	(动)	zīxún	5
龇牙咧嘴		zī yá liě zuǐ	10
梓	(名)	zǐ	2
自发	(形)	zìfā	13
自豪	(形)	zìháo	9
自首	(动)	zìshǒu	5
自责	(动)	zìzé	10
自尊心	(名)	zìzūnxīn	3
总代理	(名)	zǒngdàilǐ	3
总工程师	(名)	zǒnggōngchéngshī	3
走不开		zǒu bu kāi	12
走向	(名)	zǒuxiàng	14
足以	(动)	zúyǐ	14
足足	(副)	zúzú	3
阻止	(动)	zǔzhǐ	13
罪恶	(名)	zuì'è	13
罪犯	(名)	zuìfàn	5
罪孽	(名)	zuìniè	13
罪行	(名)	zuìxíng	5
尊卑		zūn bēi	6
琢磨	(动)	zuómo	11
左顾右看		zuǒ gù yòu kàn	5
坐卧不安		zuò wò bù ān	1
做手脚		zuò shǒujiǎo	9

专　名

比尔·盖茨	Bǐ'ěr Gàicí	14
滨江路	Bīnjiāng Lù	12
陈其	Chén Qí	10
程洁	Chéng Jié	5

大明堂	Dàmíngtáng	12
多伦多	Duōlúnduō	13
复旦	Fùdàn	14
高依玲	Gāo Yīlíng	8
古巴	Gǔbā	13
哈瓦那	Hāwǎnà	13
杭州	Hángzhōu	5
荷西	Héxī	4
黄继伟	Huáng Jìwěi	5
梁园	Liáng Yuán	8
刘恒	Liú Héng	2
柳眉	Liǔ Méi	12
琼妮	Qióngní	13
阮金梅	Ruǎn Jīnméi	13
深圳	Shēnzhèn	3
苏童	Sū Tóng	2
索重阳	Suǒ Chóngyáng	12
谭乐诗	Tán Lèshī	10
王丰	Wáng Fēng	12
温岭	Wēnlǐng	5
杨苹	Yáng Píng	8
姚清	Yáo Qīng	8
叶兆言	Yè ZhàoYán	8
印度	Yìndù	9
约翰·柏拉默	Yuēhàn Bólāmò	13
越南	Yuènán	13
张抗抗	Zhāng Kàngkàng	14
浙江	Zhèjiāng	5
周先	Zhōu Xiān	8